INTERMEDIATE DUTCH
A GRAMMAR AND WO

CW00421470

Intermediate Dutch is designed for learners who have achieved a basic proficiency and wish to refine their knowledge of grammatical structures.

This workbook, along with its companion volume *Basic Dutch*, provides clear and concise summaries of the essential points of Dutch grammar as well as opportunities to practice using the structures of the language. Building on the lessons of *Basic Dutch*, each of the 24 units presents a grammatical topic with an introduction and overview, followed by contextualised exercises to reinforce learning.

Features include:

- clear accessible format
- many useful language examples
- abundant exercises with full answer key
- frequent references to English grammar
- appendix on irregular verbs
- index of grammatical keywords

Suitable for independent learners and students on taught courses, *Intermediate Dutch*, together with its sister volume *Basic Dutch*, forms a structured course in the essentials of Dutch grammar.

Jenneke A. Oosterhoff is Senior Lecturer in the Department of German, Scandinavian and Dutch at the University of Minnesota.

Other titles available in the Grammar Workbooks series are:

INTERMEDIATE DUTCH: A GRAMMAR AND WORKBOOK

Jenneke A. Oosterhoff

Illustrated by Ari Hoptman

Routledge
Taylor & Francis Group

LONDON AND NEW YORK

First published 2009
by Routledge
2 Park Square, Milton Park, Abingdon, Oxon OX14 4RN

Simultaneously published in the USA and Canada
by Routledge
270 Madison Ave, New York, NY10016

Routledge is an imprint of the Taylor & Francis Group, an informa business

© 2009 Jenneke A. Oosterhoff

Typeset in Times Ten by Graphicraft Limited, Hong Kong
Printed and bound in Great Britain by
CPI Anthony Rowe, Chippenham, Wiltshire

British Library Cataloguing in Publication Data
A catalogue record for this book is available from the British Library

Library of Congress Cataloging-in-Publication Data
Oosterhoff, Jenneke A.
Intermediate Dutch : a grammar and workbook / Jenneke Oosterhoff.
  p. cm.
    Includes index.
    1. Dutch language—Grammar. 2. Dutch language—Textbooks for foreign
speakers—English. I. Title.
PF112.O58 2009
439.31—dc22
2008033116

ISBN10: 0–415–48565–7 (hbk)
ISBN10: 0–415–77444–6 (pbk)
ISBN10: 0–203–88275–X (ebk)

ISBN13: 978–0–415–48565–4 (hbk)
ISBN13: 978–0–415–77444–4 (pbk)
ISBN13: 978–0–203–88275–7 (ebk)

CONTENTS

v

Contents

PREFACE

This book is an intermediate Dutch reference grammar with exercises, to be used in an intermediate Dutch language course or by independent learners who want to refine their knowledge of grammatical structures. Each unit presents a grammatical topic with an introduction and overview, followed by clear and concise explanations in English and ending with a series of contextualized exercises. The explanations are illustrated by mostly contextualized examples in Dutch, and sometimes images are included to provide a more humorous context.

This intermediate grammar workbook is the continuation of (and makes frequent references to) *Basic Dutch: A Grammar and Workbook*, also published in the Grammar Workbooks series by Routledge. Its 24 units cover the materials typical for second-year curriculum Dutch as a foreign language taught at university level. Using vocabulary associated with topics featured in typical second-year Dutch language textbooks, this book can accompany any such textbook used in classroom language instruction. While the vocabulary used in the examples and exercises is practical and functional, the grammatical structures are explained in enough detail to make this book suitable for grammar review in more advanced Dutch classes as well.

Language is best learned and practiced in context. Sample sentences and exercises in traditional grammar books often lack such context. This book, however, explains grammar structures in as much context as possible. Following the format of *Basic Dutch*, many of the exercises again feature the imaginary Dutch family of four and their circle of friends to provide a situational context. The exercises progress from simple recognition to complex application of new grammar structures. For classroom purposes, some speaking exercises suitable for group work are included. For immediate feedback, an answer key is provided in the back of this book.

For help in writing this grammar workbook and *Basic Dutch*, I have consulted many excellent reference grammars and other Dutch grammar workbooks, first and foremost the *Algemene Nederlandse Spraakkunst* (Martinus Nijhoff, 1997), but also works such as *Dutch: An Essential*

Grammar (Routledge, 2002), *De Regels van het Nederlands* (Wolters-Noordhoff, 1994), and *Nederlandse Grammatica voor Anderstaligen* (Utrecht: Nederlands Centrum Buitenlanders, 1985). I am indebted to the people at taaladvies.net for sending me quick and helpful answers to complex grammatical questions. I specially thank Wijnie de Groot and Alice van Kalsbeek for constructive comments and moral support along the way, and I am most grateful to my students Heidi Raatz and Julia Belgum for proofreading my chapters and asking me exactly the right questions. Many thanks also to Ari Hoptman for providing the images to underline the grammar with good laughs. Sadly, for reasons of space, we had to limit ourselves to only a few in this book. Lastly, I want to thank the College of Liberal Arts at the University of Minnesota for granting me a leave of absence to finish this project.

Jenneke A. Oosterhoff
St. Paul, July 2008

Further reading

A. Florijn, J. Lalleman, H. Maureau (1994) *De Regels van het Nederlands.* Groningen: Wolters-Noordhoff.

A. M. Fontein, A. Pescher-ter Meer (1985) *Nederlandse Grammatica voor Anderstaligen.* Utrecht: Nederlands Centrum Buitenlanders.

W. Hasereyn, K. Romijn, G. Geerts, J. de Rooij, M. C. van den Toorn (1997) *Algemene Nederlandse Spraakkunst.* Groningen: Martinus Nijhoff.

W. Z. Shetter, I. van der Cruysse-Van Antwerpen (2002) *Dutch: An Essential Grammar.* London and New York: Routledge.

UNIT ONE
Conjunctions

Introduction

In Unit 23 of *Basic Dutch*, we discussed word order, and most importantly the position of the conjugated verb in coordinated and subordinated sentences. This unit builds on that information by giving an overview of the most commonly used coordinating and subordinating conjunctions (**voegwoorden**).

Section 1: Coordinating conjunctions

Coordinating conjunctions can link sentences and parts of sentences that are equal in form and function. The four most common coordinating conjunctions link sentences with regular word order, the conjugated verb in second place.

en and	**of** or	**maar** but	**want** because		

Erik kookt een ei *en* hij zet koffie.	Erik boils an egg *and* he makes coffee.
Erik kookt het ei *of* hij bakt het.	Erik boils the egg *or* he fries it.
Erik kookt een ei *maar* hij eet het niet.	Erik boils an egg *but* he doesn't eat it.
Erik eet een ei *want* hij heeft honger.	Erik eats an egg *because* he's hungry.

Notes

The function of **en** is to create a sum or accumulation of things and events. This conjunction can link sentences and parts of sentences that are equal in form and function.

Erik kookt een ei *en* hij zet koffie.	Erik boils an egg *and* he makes coffee.
Erik kookt eieren *en* aardappels.	Erik boils eggs *and* potatoes.
De eieren zijn hard, droog *en* smakeloos.	The eggs are hard, dry, *and* tasteless.

The function of **of** is to create the choice between alternatives. This conjunction can also link sentences and parts of sentences that are equal in form and function.

We spelen een spelletje *of* we kijken tv.	We play a game *or* we watch TV.
Spelen we Scrabble *of* Monopoly?	Are we playing Scrabble *or* Monopoly?
Wil je je ei hard *of* zacht gekookt?	Do you want your egg hard *or* soft boiled?

In indirect questions (*Basic Dutch* Unit 23), the word **of** means 'if' or 'whether'. In an indirect question, the verb goes to the end of the sentence. Example:

Ik wil graag weten *of* u deze trui in mijn maat heeft.
I would like to know *if* you have this sweater in my size.

The function of **maar** is to create a contrast between sentences and parts of sentences.

Dit ei is hard, *maar* het smaakt lekker.	This egg is hard *but* it tastes good.
De hond van Erik is lelijk *maar* lief.	Erik's dog is ugly *but* sweet.

The function of **want** is to give a reason or an explanation for what happens in the first sentence. This conjunction is primarily used to link complete sentences.

We blijven thuis *want* het regent.	We're staying in *because* it's raining.
Ik kan je niet helpen *want* ik heb geen tijd.	I can't help you *because* I have no time.

Section 2: Subordinating conjunctions

In this section, we take a closer look at subordinating conjunctions. In a subordinated sentence, the position of the conjugated verb is at the end of the sentence (see also word order in Unit 23 of *Basic Dutch*). For clarity, the conjunctions are organized in groups according to their function and meaning.

Conjunctions of time

als	when	**nadat**	after
terwijl	while, during	**toen**	when (past!)
wanneer	when	**zodra**	as soon as
nu	now that	**sinds**	ever since
tot, totdat	until	**voor (dat)**	before
zolang (als)	for as long as		

Examples in context:

Als de wekker gaat, staat Erik op. *Nadat* hij gedoucht heeft, zet hij koffie. *Nu* hij een nieuwe fiets heeft, gaat hij niet meer met de auto naar kantoor. *Sinds* hij voor de nieuwe firma werkt, verdient hij meer salaris. Hij leest de krant *terwijl* hij zijn koffie drinkt. *Toen* hij nog voor de oude firma werkte, moest hij met de trein naar zijn werk. Erik is van plan te blijven werken *totdat* hij 65 is. *Voordat* Erik naar zijn werk gaat, maakt hij thee voor Sanne. Hij weet niet precies *wanneer* de kinderen opstaan. Maar Sanne staat op *zodra* hij de deur uit gaat. Erik blijft aan tafel zitten *zolang* het nieuws op de radio duurt.

When the alarm rings, Erik gets up. *After* he has taken a shower, he makes coffee. *Now that* he has a new bike, he doesn't take the car to the office anymore. *Ever since* he has been working for the new company, he's been making a bit more money. He reads the paper *while* drinking his coffee. *When* he worked for the old company, he had to take the train to work. Erik plans to continue to work *until* he's 65. *Before* he goes to work, Erik makes tea for Sanne. He doesn't know exactly *when* the children get up. But Sanne gets up *as soon as* he goes out the door. Erik stays seated at the dining table for *as long as* the news on the radio lasts.

Als, toen, wanneer

The use of **als** 'when', 'every time when' is for events happening in the present and for those that repeatedly happened or used to happen in the past. Examples:

3

Als **ik op die smalle weg rijd, ben ik bang voor tegenliggend verkeer.**
When I drive on that narrow road, I'm afraid of oncoming traffic.

(Altijd) *als* **ik op die smalle weg reed, was ik bang voor tegenliggend verkeer.**
Every time I drove on that narrow road, I was afraid of oncoming traffic.

The use of **toen** 'when' is only for non-recurring, more specific past events (including those extending over a longer period of time, such as going to school in your childhood and youth), and it is often accompanied by words such as **gisteren, vorige week, een jaar geleden**, etc. Examples:

Toen **we gisteren naar huis reden, was het glad op de weg.**
When we drove home yesterday, the road was slippery.

Toen **ik op de middelbare school zat, zat ik 's avonds laat huiswerk te maken.**
When I went to highschool, I sat up late in the evenings doing my homework.

We often see the improper use of **wanneer** as a synonym for **als** or even **toen**, especially in native speakers of English, because it sounds similar to 'when'. As a replacement for **toen** it is incorrect, and while it is not incorrect as a replacement for **als** in recurring past events, it is not the most proper form for **als** in present events. Avoid sentences such as **Wanneer ik een kind was, . . .** or **Ik eet wanneer ik tv kijk**, and instead, use **wanneer** in its proper function, as a question word, for direct or indirect questions such as

Wanneer **kom je?**   *When* are you coming?
Kun je me zeggen *wanneer* **je komt?**   Can you tell me *when* you're coming?

Voordat, nadat, totdat

The action or event of a sentence beginning with **voordat** 'before' follows the action of the main sentence. Sentences with **voordat** can occur in all tenses. Examples:

Erik eet *voordat* **hij naar zijn werk gaat.**
Erik eats *before* he goes to work.

Je gaat niet voetballen *voordat* **je je huiswerk hebt afgemaakt.**
You're not going to play soccer *before* you have finished your homework.

The action or event of a sentence with **nadat** 'after' precedes the action in the main sentence. Sentences with **nadat** can only occur in the present perfect or past perfect. If it is in the present perfect (example 1), the main sentence is in the present tense. If it is in the past perfect (example 2), the main sentence is in the simple past (imperfect) tense. Examples:

1 *Nadat* **ik gegeten heb, maak ik het huis schoon.**
After I eat (or: have eaten), I'll clean the house.

Note: The speaker is looking into the future.

2 *Nadat* **ik gegeten had, maakte ik het huis schoon.**
After I ate (or: had eaten), I cleaned the house.

Note: The speaker is now looking back on a past event.

Similar to **nadat** and **voordat**, the conjunction **totdat** 'until' is used to refer to a sequence of events. Sentences with **totdat** can appear in all tenses. Two examples:

Erik werkte *totdat* **het tijd was om naar huis te gaan.**
Erik worked *until* it was time to go home.

Peter bleef in het museum *totdat* **hij alles had gezien.**
Peter stayed in the museum *until* he had seen everything.

Note: The speaker is looking back on a past event.

Nu, sinds, terwijl, zodra, zolang

An action in a subordinated sentence beginning with **nu** 'now', 'now that' happens at the same time or immediately before the action in the main sentence. If it happens at the same time, both sentences are in the present or imperfect tense, and if it happens shortly before, the subordinated sentence with **nu** is in the present perfect or past perfect tense. Examples:

Nu **het regent, kunnen we niet fietsen.**	*Now that* it rains, we can't cycle.
Nu **ik iets gegeten heb, voel ik me beter.**	*Now that* I have eaten something, I feel better.

The function of **sinds** 'ever since' is to indicate that the action or event in the subordinated sentence began before and has lasted until the moment of speech in the main sentence, whether this moment is in the present or in the past. Examples:

Sinds **Erik een auto heeft, fietst hij niet meer naar z'n werk.**
Ever since Erik has had a car, he hasn't cycled to work.

Sinds **dat café gesloten was, was het veel rustiger in de straat.**
Ever since the pub had been closed, the street was much more quiet.

Dutch **sinds** often gets confused with English 'since'/'because'. The English sentence 'He's not coming since his wife is sick' translates into Dutch **Hij komt niet** *omdat* **zijn vrouw ziek is**. It is best to remember Dutch **sinds** by thinking of English 'ever since'.

The conjunction **terwijl** 'while', 'during' indicates that the actions or events of the main sentence and the coordinated sentence are happening at the same time. Examples:

Terwijl **hij koffie drinkt, leest Erik de krant.**
Erik has coffee while reading the paper.

Erik deed de was *terwijl* **Sanne de hond uitliet.**
Erik did the laundry while Sanne walked the dog.

An action or event in a subordinated sentence with **zodra** 'as soon as' is still to begin, while an action or event in a subordinated sentence with **zolang** 'as long as' has already begun and will last as long as the action of the main sentence. Examples:

Ik help je *zodra* **ik tijd heb.**
I'll help you as soon as I have time.

Ik help je *zolang (als)* **ik tijd heb.**
I'll help you for as long as I have time.

Similar to English, **zolang** can also be used in a conditional sentence. Example:

Je mag uitgaan *zolang* **je maar om tien uur thuis bent.**
You may go out as long as you're home by ten.

Conjunctions of cause (reason) and effect

aangezien, daar, doordat, omdat   because   **zodat**   so that

Examples in context:

Erik is vandaag vroeg naar zijn werk gegaan, *omdat/aangezien/daar* **het slecht weer was. En** *doordat* **de weg glad was, moest hij heel**

voorzichtig en langzaam rijden. Hij kon maar 40 kilometer per uur rijden, *zodat* **hij toch nog te laat op zijn werk kwam.**
Erik left early for work today, *because* the weather was bad. And *because* the road was slippery, he had to drive very carefully and slowly. He could only drive at 40 kilometers per hour, *so that* he arrived late for work after all.

The meaning of **omdat**, **aangezien**, **daar** and **doordat** 'because' is very similar, they all give a reason or cause. However, while **omdat**, **aangezien** and **daar** are more or less interchangeable, **doordat** cannot be used in each context. The function of **doordat** is to give a cause of a more instrumental or mechanical nature; the closest equivalent in English is 'on account of', 'as a result of'. When in doubt, use **omdat** because this is the most frequently used conjunction that fits all contexts, particularly in spoken and informal Dutch. Both **aangezien** and **daar** are more formal and elevated. The function of **zodat** in this context is to indicate an effect.

Conditional conjunctions

als	if	**indien**	if
mits	on condition that, provided	**tenzij**	unless

All four conjunctions express a condition, but some are used in formal, and others in more informal situations. Example 1 is informal, 2 is formal:

1. *Als* **jij vanavond wilt voetballen, moet je eerst je huiswerk afmaken. Dan kun je gaan,** *tenzij* **het regent natuurlijk.**
   If you want to play soccer tonight, you have to finish your homework first. Then you can go, *unless* it rains, of course.

2. *Indien* **het apparaat niet aan uw verwachtingen voldoet, kunt u het binnen acht dagen ruilen,** *mits* **u het in de originele verpakking terugbrengt.**
   If the tool doesn't meet your expectations, you can exchange it within eight days, *provided* you bring it back in its original packaging.

Conjunctions of contrast

hoewel, alhoewel	although, even though
ondanks (het feit) dat	despite the fact that
ofschoon	although, even though
terwijl	while, whilst, even though

Examples in context:

Hoewel het vanmorgen slecht weer was, ben ik toch met de auto naar
m'n werk gegaan. **Ofschoon** ik langzaam reed, ben ik in een scherpe
bocht van de weg gevlogen. Ik kwam in de greppel terecht, **terwijl** ik
maar 40 kilometer per uur reed. **Ondanks dat** het me een uur kostte
de auto weer op de weg te krijgen, kwam ik toch nog heelhuids op m'n
werk aan.

Although the weather was bad this morning, I drove to work. *Even though*
I drove slowly, I flew off the road in a sharp curve. I landed in the ditch,
even though I was only doing 40 kilometers an hour. *Despite the fact
that* it took me an hour to get the car back on the road, I got to work
safe and sound.

All four conjunctions have the same meaning and function. However,
ofschoon is more formal than **hoewel** which is more frequently used. As
a commonly used alternative for **hoewel**, the meaning of **terwijl** differs from
its meaning as a conjunction of time.

Conjunctions of comparison

alsof   as though   **even/net zo . . . als**   just as   **zoals**   (just) as

Examples in context:

**Erik: Kun je die appeltaart *net zo* bakken *als* je moeder het doet? En
zoals zij soep kookt, kan niemand soep koken!**
Sanne: Je praat *alsof* je liever bij mijn moeder thuis eet!
Erik: Can you bake that apple cake *just the way* your mother does? And
nobody can cook soup *the way* she cooks it!
Sanne: You talk *as though* you'd rather eat at my mother's!

Double conjunctions

en . . . en . . .	both . . . and . . .
hetzij . . . hetzij . . .	either . . . or . . .
of . . . of . . .	either . . . or . . .
hoe . . . hoe/des te	the more . . . the more
noch . . . noch . . .	neither . . . nor . . .
zowel . . . als . . .	both . . . and/as well as . . .

Double conjunctions can link words, parts of sentences and sentences.

Examples:

**Peters toekomst: Ik wil *èn* een interessante baan *èn* een hoog salaris.
Ik wil *zowel* leuke collega's *als* een baas die me respecteert. Ik wil *of*
in Amsterdam *of* in Den Haag wonen. En ik wil *hetzij* in de politiek
hetzij in het zakenleven werken. Maar ik wil *noch* rechten, *noch*
economie studeren. Tja, *hoe* langer ik erover nadenk, *des te* moeilijker
vind ik de beslissing.**

Peter's future: I want *both* an interesting job *and* a high salary. I want
nice colleagues *as well as* a boss who respects me. I want to live *either*
in Amsterdam *or* in Den Haag. I want to go *either* into politics *or* into
business. But I *neither* want to study law, *nor* economics. Geez, *the longer*
I think about it, *the harder* my decision gets.

The double conjunction **en ... en ...** is often accented to emphasize the
stress (see the examples in the text). The second part of the double
conjunction **hoe ... hoe/des te** can introduce either a coordinated or a
subordinated sentence. Examples:

Hoe **meer je fietst,** *hoe/des te* **beter voel je je.**
The more you bike, the better you feel.

Hoe **meer je fietst,** *hoe/des te* **beter je je voelt.**
The more you bike, the better you feel.

Hoe meer koud bier Erik drinkt, **des te** vrolijker wordt-ie.
The more cold beer Erik drinks, the happier he gets.

Exercise 1.1

Connect the sentences with the conjunction in brackets. Adjust the tense where needed.

1 Het is mooi weer. We gaan fietsen. (als) _____
2 We gaan fietsen. We pompen de banden op. (voordat) _____
3 We fietsen. We komen bij een leuk café. (totdat) _____
4 We drinken koffie. We fietsen terug. (nadat) _____
5 Het is zomer. We fietsen elk weekend. (zolang) _____

Exercise 1.2

Underline or circle the correct conjunction. Note the tenses and word order!

1 Sanne luistert naar muziek *terwijl/nadat* ze op haar hometrainer zit.
2 Ze sport elke dag *want/zodat* haar conditie heel goed is.
3 Erik sport ook veel *hoewel/maar* hij heeft er minder tijd voor.
4 Peter speelt voetbal *en/of* Karin gaat elke dinsdag volleyballen.
5 Deze week speelt ze niet *want/omdat* ze haar enkel verstuikt heeft.
6 Ze gaat weer trainen *zolang/zodra* de enkel weer beter is.
7 *Als/Toen* ze een wedstrijd speelt, gaat Erik altijd kijken.
8 Peter speelt elke week een wedstrijd, *tenzij/hoewel* het regent.
9 *Omdat/Sinds* het seizoen begonnen is, heeft hij al twaalf wedstrijden gespeeld.
10 Peter is met voetbal begonnen *toen/wanneer* hij vijf jaar was.

Exercise 1.3

Connect each sentence pair with **nadat**. Make sure to adjust the tenses.

Situation: Reading a recipe for apple pie!

1 Je schilt vier appels. Je snijdt ze in schijfjes.
   Nadat _____
2 Je doet de appels in een schaal. Je bestrooit ze met kaneel.
   Nadat _____
3 Je maakt het deeg. Je bekleedt de bakvorm ermee.
   Nadat _____
4 Je legt de appelschijfjes in de bakvorm. Je bedekt ze met de rest van het deeg.
   Nadat _____
5 Je zet de bakvorm in de oven. Je bakt de taart een uur.
   Nadat _____

Exercise 1.4

Fill in the correct conjunction. Select from:

zodat sinds omdat als voordat nadat toen hoewel maar zodra

Situation: Erik travels to work today.

1 _____ Erik voor een nieuwe firma werkt, moet hij vaak op zakenreis.
2 _____ Erik vandaag naar Utrecht gaat, zet hij even de vuilnisbak aan de straat.
3 Op weg naar Utrecht stopt hij bij een bezinepomp, _____ de tank bijna leeg is.
4 _____ hij getankt heeft, rijdt hij de autoweg op.
5 Een half uur is het verkeer rustig, _____ bij Amersfoort komt hij in een file.
6 Er is een ongeluk gebeurd, _____ de linkerweghelft geblokkeerd is.
7 "_____ dit lang duurt", denkt Erik, "kom ik te laat op mijn afspraak."
8 "_____ ik hier vorige week reed, was het ook al een chaos."
9 _____ Erik in Utrecht is, rent hij naar zijn afspraak.
10 Ze zitten nog op hem te wachten, _____ Erik een half uur te laat is.

Exercise 1.5

Which one of the two sentences corresponds to the sentence in italics? A or B?

1 *Eerst doe ik de boodschappen en daarna kook ik het avondeten.*
   A   Ik kook het avondeten voordat ik de boodschappen doe.
   B   Ik kook het avondeten nadat ik de boodschappen gedaan heb.
2 *Ik speel tennis totdat de zomer voorbij is.*
   A   Ik speel tennis zolang het zomer is.
   B   Ik speel tennis zodra het zomer is.
3 *Geen van de twee kinderen van Erik heeft al een rijbewijs.*
   A   Zowel Karin als Peter heeft al een rijbewijs.
   B   Noch Karin noch Peter heeft al een rijbewijs.
4 *U moet de cursus afmaken om een certificaat te krijgen.*
   A   Indien u de cursus afmaakt, krijgt u een certificaat.
   B   Omdat u de cursus afmaakt, krijgt u een certificaat.
5 *Hij lachte mij uit en dus werd ik woedend.*
   A   Hij lachte mij uit omdat ik woedend werd.
   B   Hij lachte mij uit zodat ik woedend werd.

Exercise 1.6

Write out the sentence parts between brackets.

Situation: In Peter's history class.

1 Voordat de les begint (de leraar – bespreken – het huiswerk)

_____.

2 Nadat het huiswerk besproken is (de leerlingen – schrijven – een proefwerk)

_____.

3 Terwijl de leraar het proefwerk uitdeelt (Peter – stellen – een vraag)

_____.

4 Als de vraag beantwoord is (de leerlingen – kunnen – met het proefwerk – beginnen)

_____.

5 Omdat Peter slecht gestudeerd heeft (hij – kunnen – geen antwoorden – bedenken)

_____.

Exercise 1.7

Connect the sentences with the double conjunctions provided between brackets.

Situation: After Peter's disastrous history test, Erik has a little talk with him.

1 Je studeert harder. Je cijfers worden beter (hoe . . . des te . . .).
2 Je gaat deze week niet voetballen. Je gaat niet met je vrienden uit (noch . . . noch . . .).
3 Je studeert op zaterdag een uur. Je studeert op zondag een uur (zowel . . . als . . .).
4 Je cijfers worden slechter. Je krijgt minder vakantiegeld (hoe . . . des te . . .).
5 Je praat vandaag nog met de leraar. Je praat morgen met hem (hetzij . . . hetzij . . .).

Exercise 1.8

Speaking exercise. What is the difference between sentences A and B?

1 A We kamperen nu het mooi weer is.
  B We kamperen zodra het mooi weer is.
2 A Ik werk hard totdat ik moe ben.
  B Ik werk hard zodat ik moe ben.
3 A Als het regent kom ik niet.
  B Omdat het regent kom ik niet.
4 A Ik studeer nu ik energie heb.
  B Ik studeer zolang ik energie heb.
5 A Zij werkt niet sinds ze getrouwd is.
  B Zij werkt niet omdat ze getrouwd is.
6 A We betalen als de rekening komt.
  B We betalen voordat de rekening komt.
7 A U mag niet ruilen tenzij u de bon heeft.
  B U mag niet ruilen hoewel u de bon heeft.
8 A Erik is blij als hij succes heeft.
  B Erik is blij sinds hij succes heeft.

UNIT TWO
Conjunctional adverbs

Introduction

In Unit 1, we discussed how conjunctions link sentences together. Conjunctions take the first position in a subordinated sentence. This unit introduces you to some adverbs that can function as conjunctions creating a meaningful relationship between two main sentences, but the difference from a proper conjunction is that they can be at the beginning (with inversion of subject and verb) or in the middle of the second sentence.

Examples in context
Erik heeft vandaag op zijn werk een belangrijke afspraak. *Daarna* **gaat hij met een collega lunchen. Hij wil een nieuw project met zijn collega bespreken,** *dus* **neemt hij zijn map met papieren mee. Op het station ziet hij dat zijn trein vandaag uitvalt.** *Daarom* **zal hij te laat voor zijn afspraak komen. Erik is woedend. Er hangt** *immers* **veel van die afspraak af. Hij laat zich** *echter* **niet ontmoedigen. Hij neemt gewoon een taxi.** *Toch* **is hij nog een minuut of vijf te laat voor de afspraak. Het is** *evenwel* **geen probleem, de collega's drinken eerst nog koffie.** *Bovendien* **is de voorzitter er zelf ook nog niet,** *dus* **Erik schenkt zichzelf opgelucht een kop koffie in.**

Erik has an important appointment at work today. *After that* he will go out to lunch with a colleague. He wants to discuss a new project with his colleague, *so* he takes his folder with paperwork with him. At the station, he notices that his train has been cancelled today. *Therefore*, he will be too late for his appointment. Erik is furious. A lot, *after all*, depends on that appointment. *But* Erik will not let this discourage him. He'll just take a taxi. *Nevertheless*, he still gets to the appointment five or so minutes late. *However*, it isn't a problem, the colleagues are still drinking coffee. *Besides*, the chairman himself isn't there yet, *so* Erik is relieved and pours himself some coffee.

The examples in the text demonstrate that conjunctional adverbs can take more than one position in the sentence. If they are not at the beginning, they usually follow the verb, but they can also come after a direct object. Note also that each conjunctional adverb links its sentence to the sentence before it in a meaningful way (this is how it differs from a regular adverb), creating a relationship of time, cause and effect, contrast or conclusion.

Conjunctional adverbs of time

daarna, daarvoor	after that, before that
dan, toen	then, at that moment

The adverbs **daarna** and **daarvoor** are used to express an order of events. They can be at the beginning or after the verb in the second of two main sentences. Examples:

Erik heeft een belangrijke afspraak. *Daarna* **gaat hij met een collega lunchen.**
Erik has an important appointment today. After that he'll go out to lunch with a colleague.
Alternative: **Hij gaat** *daarna* **met een collega lunchen.**

Sanne was gisteren voor het eerst in een yogales. *Daarvoor* **was ze nog nooit in een yogales geweest.**
Sanne was in a yoga class yesterday for the first time. Before that, she had never been in a yoga class.
Alternative: **Ze was** *daarvoor* **nog nooit in een yogales geweest.**

The conjunctional adverbs **dan** and **toen** have a similar function, to express a certain order or a specific point in time. An important difference, however, is that **toen** is only used for past events, while **dan** can be used for both. If **dan** is used in the past tense, it describes recurrent events, habits, what one used to do regularly. Examples:

Erik zat al in de trein. *Toen* **merkte hij dat hij zijn abonnement vergeten had.**
Erik was already on the train. *Then* he noticed he had forgotten his train pass.

In 1992 waren Erik en Sanne in Parijs. Ze hadden *toen* **nog geen kinderen.**
In 1992, Erik and Sanne were in Paris. They didn't have children *at the time*.

Note the difference here between **toen** as a conjunctional adverb and **toen** as a proper conjunction. As a proper conjunction, **toen** takes a

15

subordinated sentence (**Toen Erik merkte dat hij zijn abonnement vergeten was ...**). Examples with **dan**:

Erik gaat lunchen met een collega. *Dan* (= daarna) heeft hij een bespreking met zijn baas.
Erik is going to lunch with a colleague. *Then* he has a meeting with his boss.

Bij oma dronken we altijd eerst koffie. *Dan* kwam er een warme maaltijd op tafel.
At grandma's we always drank coffee first. *Then* the table was set for a warm meal.

Ik kan morgenavond niet met je naar de film. *Dan* heb ik volleybal.
I can't go to the movies with you tomorrow night. I'm playing volleyball *then*.

For information on other adverbs of time and those expressing the order of events, check Units 5 and 13 in *Basic Dutch*.

Conjunctional adverbs of cause and effect

daarom   therefore   **daardoor**   because of that   **dus**   thus, so

The adverbs **daarom** and **daardoor** are almost identical, although **daarom** is used more to express a reason, while **daardoor** explains a cause. Examples:

Erik heeft zijn trein gemist en *daarom* is hij nu te laat.
Erik missed his train and therefore he is now too late.
Alternative: **Hij is *daarom* nu te laat.**

De plant stond te dicht bij de brandende kaars. *Daardoor* zijn er een paar blaadjes verbrand.
The plant was too close to the burning candle. That's how some leaves got burned.
Alternative: **Er zijn *daardoor* een paar blaadjes verbrand.**

The adverb **dus** expresses a reason, cause or consequence. It is very flexible in its position in the sentence. When it is at the beginning of the sentence, subject and verb can be in their regular positions or they can be inverted. It can also follow the verb or other sentence elements. Examples:

De trein was te laat. *Dus* **kwam ik te laat op mijn werk.**
The train was late. Therefore, I was too late for work.
Alternative: *Dus* **ik kwam te laat op mijn werk.**

Het boek was heel duur. *Dus* **heb ik het niet gekocht.**
The book was very expensive, so I didn't buy it.
Alternative: *Dus* **ik heb het niet gekocht.** Or: **Ik heb het** *dus* **niet gekocht.**

Conjunctional adverbs of contrast

daarentegen	on the other hand
echter, evenwel	however, though
niettemin	nevertheless, anyhow
desondanks	notwithstanding, despite that
integendeel	on the contrary
toch	nevertheless, anyway

The conjunctional adverbs **echter** and **evenwel** are identical in meaning. Their position in the sentence is not very flexible. They usually follow the verb. If placed at the beginning of the sentence, they have to be separated by a comma. Examples:

Erik heeft de trein gemist. Dat is *echter* (*evenwel*) **geen probleem.**
Erik missed the train. That is, however, no problem.
A less preferable alternative: *Echter,* **dat is geen probleem.**

Note that **echter** and **evenwel** are identical in meaning, but they are not identical in style. The conjunctional adverb **evenwel** is more elevated in style, while **echter** is much more common in speech and in writing.
The conjunctional adverbs **desondanks**, **toch** and **niettemin** are nearly identical in meaning. Their position is usually at the beginning of the sentence, but they can also appear after the verb or other sentence elements. Examples:

Erik heeft de trein gemist. *Toch* **komt hij op tijd op zijn werk.**
Erik missed the train. He gets to work on time anyway.
Alternative: **Hij komt** *toch* **op tijd op zijn werk.**

Peter had niet gestudeerd; *desondanks* **haalde hij de test.**
Peter had not studied. Despite that, he passed the test.
Alternative: **Hij haalde** *desondanks* **de test.**

17

Die tangocursus is vreselijk moeilijk; *niettemin* **heb ik er veel plezier aan.**
That tango class is terribly difficult. Nevertheless, I'm having a lot of fun with it.
Alternative: **Ik heb er** *niettemin* **veel plezier aan.**

The conjunctional adverb **daarentegen** can be placed either at the beginning of the sentence with inversion of subject and verb, or directly after the subject. Examples:

Erik kan niet zo goed schaatsen. *Daarentegen* **is Sanne er een kei in.**
Erik doesn't know how to skate very well. Sanne, on the other hand, is really good at it.
Alternative: **Sanne** *daarentegen* **is er een kei in.**

The position of **integendeel** is at the beginning of the sentence, separated by a comma:

Erik is geen goede schaatser. *Integendeel,* **hij is er zelfs heel slecht in.**
Erik isn't a good ice skater. On the contrary, he's actually really bad at it.

Other conjunctional adverbs

althans	that is to say, at least, well	**tenminste**	at least
trouwens	by the way, indeed, anyhow	**overigens**	by the way, apart from that, plus
immers	after all, don't forget	**bovendien**	besides, what's more

The conjunctional adverbs listed above are used when the speaker wants to add to or slightly modify what he or she said in the previous sentence (**bovendien**, **trouwens**, **overigens**, **immers**) or isn't completely sure (**althans**, **tenminste**). Most of the time, these adverbs are at the beginning of the sentence, separated by a comma. As such, they are not strictly part of the sentence. They can, however, also appear within the sentence. Examples:

Het gaat morgen vriezen. *Althans,* **dat staat in de krant.**
It's going to freeze tomorrow. *Well,* that's what it says in the paper.
Alternative: **Dat staat** *althans* **in de krant.**

Het gaat morgen vriezen. *Tenminste,* **dat staat in de krant.**
It's going to freeze tomorrow. *At least* that's what it says in the paper.
Alternative: **Dat staat** *tenminste* **in de krant.**

Ik kan niet komen, ik heb te veel huiswerk. *Bovendien*, m'n fiets heeft een lekke band.

I can't come, I have too much homework. *Besides*, my bike has a flat tire.

Alternative: ***Bovendien* heeft m'n fiets een lekke band.** Or: **M'n fiets heeft *bovendien* een lekke band.**

Ik heb niet zoveel zin om die film te zien. *Overigens*, hij heeft slechte kritieken gekregen.

I don't really want to see that movie. *Plus*, it's got bad reviews.

Alternative: ***Overigens* heeft hij slechte kritieken gekregen.** Or: **Hij heeft *overigens* slechte kritieken gekregen.**

Je moet bij die winkel geen wijn kopen. *Trouwens*, die winkel verkoopt helemaal geen wijn.

You shouldn't buy wine at that store. *Anyhow*, that store doesn't even sell wine.

Alternative: **Die winkel verkoopt *trouwens* helemaal geen wijn.**

We kunnen morgen geen jurk voor je kopen. *Immers*, het is morgen zondag.

We can't buy you a dress tomorrow. *Remember*, it is Sunday tomorrow.

Alternative: **Het is morgen *immers* zondag.**

Some conjunctional adverbs from this group can be at the beginning of the sentence, allowing inversion of subject and verb (**bovendien**, **overigens**). The adverbs **althans**, **tenminste**, **trouwens** and **immers** cannot be in that position. At the beginning of the sentence, they have to be separated by a comma. For **immers**, the position in the middle of the sentence is much more common in speech.

Exercise 2.1

Enter either **toen** or **dan**. Note that **toen** is sometimes used as a proper conjunction.

Situation: Erik remembers a story from his youth.

_____ (1) ik jong was, gingen we vaak naar het strand. Meestal gingen we eerst zwemmen en _____ (2) lekker in de zon liggen. Zullen we zaterdag naar het strand gaan? _____ (3) kunnen jullie zien waar we vroeger speelden. En _____ (4) gaan we lekker naar het café. Een keer ben ik bijna verdronken. Er waren _____ (5) heel hoge golven. Ben je wel eens te ver in zee gezwommen? _____ (6) weet je wel wat ik bedoel. Er was _____ (7) geen strandwacht, dus als er iets gebeurde, _____ (8) kon niemand je helpen. Maar een paar jaar later, _____ (9) er een Duitse toerist verdronken was, hebben ze een strandwacht met reddingsboten ingezet. Typisch, eerst moet er een ongeluk gebeuren, en _____ (10) doen ze er pas iets aan.

Exercise 2.2

Enter the correct conjunction. Select from

omdat doordat want daardoor daarom

Sometimes you have more than one option.

Situation: Driving in bad weather.

1 Er was gisteren dichte mist in het westen. _____ is dat ongeluk met die vrachtwagen op de A2 gebeurd.
2 Als het zo mistig is moet je voorzichtig rijden _____ je kunt maar een paar meter voor je op de weg zien.
3 Ik rijd niet graag in slecht weer. _____ ga ik bij mistig weer meestal met de trein naar werk.
4 Ik ben een keer in de berm gereden _____ het ijzelde en de weg glad was.
5 _____ ik voor een kat op de weg moest remmen, raakte ik in de slip.
6 Gelukkig werkte de motor nog. _____ kon ik weer op de weg komen.
7 Ik ben heel langzaam naar huis gereden, _____ de weg was spekglad.
8 Ze vroegen thuis of ik spoken had gezien, _____ mijn handen nog trilden van de schrik.

Exercise 2.3

Connect each sentence pair with the conjunctional adverb between brackets. The first word of the sentence is given.

1 Peter had het hoofdstuk goed geleerd. Hij had een onvoldoende voor de test (echter).
   Hij _____
2 Karin kan niet goed tennissen. Ze slaat de ballen altijd in het net (integendeel).
   Integendeel, _____
3 Peter heeft een wiskundeknobbel. Johan heeft meer verstand van talen (daarentegen).
   Johan _____
4 Sanne doet vier keer per week yoga. Ze heeft veel last van haar rug (toch).
   Toch _____

5 Het regende op Sylvia's bruiloft. Het was een prachtige dag (niettemin).
Niettemin _____

6 Erik vergat het zout in de pastasaus. Het eten smaakte prima (desondanks).
Desondanks _____

Exercise 2.4

Fill in the blanks with the correct conjunctional adverb: **althans**, **bovendien**, **trouwens**, **immers**, **overigens**, **tenminste**. Watch the word order in the sentences.

1 Sanne: Erik, kun je de woonkamer en de werkkamer even stofzuigen? Je hebt gisteren _____ beloofd dat jij het deze week zou doen?

2 Erik: Ik heb nu geen tijd om te stofzuigen. Ik moet de afwasmachine nog ontruimen en _____ moet de hond nog uitgelaten worden.

3 Sanne: Die afwasmachine kan Peter ook wel even doen. De hond kan wel wachten. Die is _____ een uurtje geleden al buiten geweest.

4 Karin: Mam, er is uitverkoop in die schoenenwinkel in de Breestraat. _____, dat zei Miriam. Gaan we vanmiddag even kijken?

5 Sanne: Nee, ik heb vanmiddag werk te doen. _____ heb jij helemaal geen nieuwe schoenen nodig. Je hebt toch net vorige maand die bruine gekregen?

UNIT THREE
Nouns

Introduction

This unit discusses formation and derivation of nouns. Special attention is given to compound nouns.

From verb to noun

Nouns can be derived from verbs in various ways. The verb infinitive itself can be a noun with the article **het**. Example:

> *Het maken* **van goede foto's is niet gemakkelijk.**
> Taking good pictures isn't easy.

There are many nouns in which one can recognize a verb stem. Examples:

> **Ik heb deze week veel** *uitgaven* **(from uitgeven).**
> I have a lot of expenses this week.

> **De automobilist had geen goed** *zicht* **(from zien) op de weg.**
> The driver didn't have good visibility on the road.

> **De** *opname* **(from opnemen) van het concert was uitstekend.**
> The recording of the concert was outstanding.

The prefix **ge-** is used with the verb stem to form nouns, often to indicate that something is going on presently or even with a rather negative meaning. Examples:

> **Hoor jij dat** *geloop* **(from lopen) op de gang?**
> Do you hear all that walking in the hallway?

> **Al dat** *gezeur* **(from zeuren) over de slechte economie, het valt toch wel mee?**
> All that nagging about the bad economy. It's not that bad, is it?

The suffix **-ing** is used to form nouns from verbs. Example:

> **We hebben gisteren een prachtige** *wandeling* **(from wandelen) gemaakt.**
> We took a beautiful walk yesterday.

Verb stems can be combined with nouns to form compound nouns. Examples:

> **Ik heb mooie gordijnen in m'n** *werkkamer* **(from werken + kamer).**
> I have beautiful curtains in my office.

> **Er waren veel kinderen in de** *speeltuin* **(from spelen + tuin).**
> There were many children in the playground.

From adjective to noun

Nouns can be derived from adjectives in many ways. Undeclined adjectives can be concrete or abstract nouns. Examples are **de gek** (from **gek** 'crazy'), **het geheim** (from **geheim** 'secret'), **het kwaad** (from **kwaad** 'angry', 'evil'), and colors such as **het rood** (from **rood** 'red'), **het blauw** (from **blauw** 'blue').
   The suffix **-e** can be used to form nouns from adjectives. Examples:

> *De dove* **en** *de blinde* **(from doof and blind).**
> The deaf and the blind.

> *Het leuke* **(from leuk) van die film is dat hij in Nederland speelt.**
> The nice thing about that movie is that it is set in the Netherlands.

In this category also belong nouns derived from present and past participles. Examples:

> *De overledene* **(from overleden) wordt morgen begraven.**
> The deceased will be buried tomorrow.

> **Er zijn nog tien** *wachtenden* **(from wachtend) voor u.**
> There are ten more people waiting in line ahead of you.

The suffix **-te** is used to form nouns from adjectives. Examples:

> **Kun je me even** *de hoogte*, *de lengte* **en** *de breedte* **(from hoog, lang, breed) van die kast doorgeven?**
> Can you tell me the height, length and width of that chest?

> **Ik kan** *de stilte* **(from stil) hier niet verdragen.**
> I can't bear the silence in here.

23

The suffix **-heid** is also used to form nouns from adjectives. Example:

> *De schoonheid* (from **schoon**) **van dat landschap is niet te beschrijven.**
> The beauty of that landscape is indescribable.

Common suffixes for nouns describing persons

Many suffixes are used to describe what a person is or does. The following gives a few examples of such suffixes including those used for female descriptions. The roots for these nouns can be verbs, adjectives, other nouns, including names of places.

-aar	**eigenaar** owner, **luisteraar** listener, **zondaar** sinner, **Brusselaar** someone from Brussels
-(d)er	**bestuurder** driver, **tiener** teen, **aannemer** contractor, **Edammer** kind of cheese
-aard	**gierigaard** haggler, **lafaard** coward
-erd	**stommerd** someone stupid, **lelijkerd** someone ugly
-ier	**kruidenier** grocer, **tuinier** gardener, **scholier** student, pupil
-ist	**fluitist** flute player, **lokettist** ticket clerk, **bloemist** florist
-ling	**leerling** apprentice, **fanatiekeling** fanatic, **zuigeling** infant
-ant, -ent	**sollicitant** applicant, **fabrikant** manufacturer, **docent** teacher
-ator/-ateur	**organisator** organizer, **restaurateur** restorer
-eur	**directeur** director, **monteur** mechanic, **acteur** actor

The following is an overview of common suffixes to form nouns for female descriptions.

-es, -esse	**eigenares** owner, **zangeres** singer, **secretaresse** secretary
-ster	**serveerster** waitress, **verpleegster** nurse, **voorzitster** chair
-e	**biologe** biologist, **advocate** lawyer, **studente** student
-ice/-euse	**directrice** director, **inspectrice** inspector, **chauffeuse** driver
-in	**leeuwin** lion, **boerin** farmer, **vriendin** friend, **vorstin** queen

Other common suffixes for the formation of nouns

The following is an overview of other common suffixes for the formation of nouns.

-dom	**eigendom** property, **heiligdom** sanctity, **bisdom** diocese
-schap	**vriendschap** friendship, **eigenschap** characteristic
-nis	**erfenis** inheritance, **begrafenis** funeral, **ergernis** annoyance
-(en/n, er/ar)ij	**vleierij** flattery, **ambtenarij** bureaucracy, **lekkernij** delicacy
-iteit	**stommiteit** stupidity, **subtiliteit** subtlety, **calamiteit** calamity
-age	**taoeage** tattoo, **spionage** espionage, **sabotage** sabotage
-atie	**reparatie** repair, **presentatie** presentation, **delegatie** delegation
-theek	**apotheek** pharmacy, **bibliotheek** library, **discotheek** disco
-sel	**voedsel** food, **deksel** lid, **stelsel** system

In many of the nouns you can recognize verbs (**presenteren – de presentatie**), adjectives (**stom – de stommiteit**), and nouns (**de vriend – de vriendschap**). For learning purposes, make it part of your routine to write down words in word groups such as **repareren, de reparatie, de reparateur** or **stom, de stommeling, de stommerd, de stommiteit**, etc.

Some prefixes that carry meaning

There are some prefixes to form nouns that carry meaning. In addition to **ge-**, of which we gave some examples above, the following are the most common:

ge-	**het geblaf** barking, **het gedoe** fuss, **het gepraat** talking
mis-	**het misverstand** misunderstanding, **de misdaad** crime
on-	**het ongeluk** accident, **de ontrouw** infidelity, **de onzin** nonsense
wan-	**het wanbeleid** bad policy, **het wangedrag** bad behavior

You notice that they all carry a negative meaning. The prefix **ge-** is often used to talk negatively about something that is going on and disturbing or annoying, the prefix **mis-** is used to describe that something went wrong, the prefix **on-** negates things, and the prefix **wan-** simply means that something is bad.

Compound nouns

A group of compound nouns can be formed by simply putting two nouns together, giving the compound noun the gender of the second noun. Examples:

de post + het kantoor	→ **het postkantoor** post office
de telefoon + de cel	→ **de telefooncel** phone booth
de bank + de rekening	→ **de bankrekening** bank account
de tafel + het kleed	→ **het tafelkleed** tablecloth

While in English it is often unclear whether a compound word is written as one word or two (and you have to check a dictionary), in Dutch it is always written as one word.

A second group of compound words is connected with **-s-** (in Dutch we say **tussen-s**, 'between-s'). Examples:

het bedrijf + de arts	→ **de bedrijfsarts** company physician
de stad + de reiniging	→ **de stadsreiniging** city cleaning
de groep + het werk	→ **het groepswerk** group work
het leven + het lied	→ **het levenslied** song of life

Compound words are written with **tussen-s** when it can be heard in the pronunciation. The consequence of this rather open rule is that there may be individual or regional differences in the way people write compound words. Two forms often exist next to each other, and they are both correct. Examples are **drugsbeleid** vs. **drugbeleid** 'drug policy' or **tijdsverschil** vs. **tijdverschil** 'time difference'.

Another group of compound nouns is formed with the connecting letters **-e(n)**.

het boek + de kast	→ **de boekenkast** bookcase
de plant + de bak	→ **de plantenbak** planter
de zon + de schijn	→ **de zonneschijn** sunshine
de rijst + de pap	→ **de rijstepap** rice porridge
de spin + het web	→ **het spinneweb** spider web

The rule for the formation of compound words with **-e** or **-en** is as follows: if the plural of the first noun ends in **-en**, the compound word is written with **-en**. If the plural of the first word doesn't exist (as in **rijst**), isn't used much (as in **zon**) or is different from **-en**, the compound word is written with **-e**. Also, when in the first word the idea of a singular being dominates (one spider per web, right?), the compound word is connected with **-e**.

A special category in this group are the compound words connected with **-er**. When the plural of a noun ends in **-eren**, the compound word is formed with **-er**.

> **het kind** (pl. **kinderen**) + **de kamer**   → **de kinderkamer** nursery
> **het ei** (pl. **eieren**) + **het dopje**   → **het eierdopje** egg cup

Compound nouns can be formed not only with nouns, but also with other word categories and nouns. We had already seen above that *verb stems* can form the first part of the compound noun, in words such as **slaapzak** 'sleeping bag', **leesbril** 'reading glasses'.

Adjectives can also be the first part of a compound noun. Examples:

> **Erik reed op de** *snelweg* (from **snel** and **weg**).
> Erik drove on the highway.

> **Karin nam een glas** *frisdrank* (from **fris** and **drank**).
> Karin took a glass of soda.

> **Sanne had geen** *kleingeld* (from **klein** and **geld**).
> Sanne didn't have change.

> **Ga je naar de** *vroegmis*? (from **vroeg** and **mis**).
> Are you going to the early mass?

And lastly, *adverbs* and *prepositions* can be the first part of a compound word. Examples:

> **Ik woon in een** *bovenhuis* (from **boven** and **huis**).
> I live in an upstairs flat.

> **Kom door de** *achterdeur* (from **achter** and **deur**).
> Enter through the back door.

> **Is Frans je** *bijvak* (from **bij** and **vak**)?
> Is French your minor?

Exercise 3.1

What is the compound word? Use the definitions to put the two words together.

1 Schoenen voor kinderen zijn _____
2 Een vaas voor bloemen is een _____
3 Een kast voor kleren is een _____
4 Een rek voor borden is een _____
5 Een mand voor kranten is een _____

Exercise 3.2

Use the verb stems from the verb in the left column to combine with nouns in the right column. Find matching nouns for each verb stem. Begin with the first verb stem.

lezen	de les	1_____
drinken	de oefening	2_____
praten	de gewoonte	3_____
schrijven	het glas	4_____
eten	de bril	5_____
dansen	het programma	6_____

Exercise 3.3

Change the commands according to the example using a noun with the prefix **ge-**.

Example: **Niet zeuren!**
Hou op met dat gezeur!

1 Niet praten! _____
2 Niet huilen! _____
3 Niet kletsen! _____
4 Niet leuteren! _____
5 Niet doen! _____

Exercise 3.4

What are the female forms for these professions?

1	de bibliothecaris	_____	6 de acteur	_____
2	de psycholoog	_____	7 de kapper	_____
3	de agent	_____	8 de masseur	_____
4	de leraar	_____	9 de advocaat	_____
5	de koning	_____	10 de schrijver	_____

Exercise 3.5

Underline the compound nouns in the text.

Situation: Erik's week

Erik heeft een drukke werkweek gehad. Op maandag had hij een lunchafspraak met een zakenvriend. Met die vriend heeft hij een samenwerkingsproject voor het komende jaar besproken. Op dinsdag was er een belangrijke bestuursvergadering waar hij aan moest deelnemen. Op woensdag moest hij met zijn baas een aantal belastingformulieren doornemen en controleren. Op diezelfde dag was er een groepsgesprek met een paar vakbondsleden over mogelijke loonsverhogingen. Donderdag was een rustige dag. Erik kon de hele dag zijn administratie bijwerken. Op vrijdag had hij een telefoongesprek met een collega in Duitsland. Het gesprek ging over een datum voor een werkbezoek in mei. Aan het eind van de dag was er nog een verjaardagsborrel voor de secretaresse van zijn baas en daarna kon hij met de sneltrein van 6.30 uur naar huis.

Exercise 3.6

Speaking exercise. Take a look again at Exercise 3.1 and think of some other definitions that you can use to make compound words. Do this exercise with your partner, saying: **Een _____ voor _____ is een _____.**

UNIT FOUR
Adjectives

Introduction

Building on information in Unit 11 of *Basic Dutch*, this unit discusses derivation of adjectives, the adjective in comparison, and the adjective after indefinite pronouns.

Adjective endings

The adjective can have two positions in the sentence. When it follows the noun, it is called a predicate adjective (**het huis is *groot***), and when it appears right before the noun, it is called an attributive adjective (**het *grote* huis**). The predicate adjective is always unflexed. Attributive adjectives always end in **-e**, except before 'het-words' in the singular in an indefinite context (with an indefinite article or pronoun or without an article).

	Definite		Indefinite
Singular	**de grote auto** **het grote huis**	Singular	**een grote auto** **een groot huis**
Plural	**de grote auto's** **de grote huizen**	Plural	**– grote auto's** **– grote huizen**

Derivation of adjectives

There are many ways in Dutch to form adjectives from other root words, such as verbs, nouns, names, and so on. This section discusses adjective derivation with past and present participles, with prefixes, and with suffixes.

Participles

The past participle and the present participle can be used as adjectives. Examples:

Erik liep met een *dampende* kop koffie van Starbucks naar zijn *geparkeerde* auto.
With a steaming cup of coffee from Starbucks, Erik walked to his parked car.

Bij de auto zag hij tot zijn ergernis de *gebroken* voorruit.
At the car, to his annoyance, he saw the broken windshield.

In de verte zag hij twee *wegrennende* jongetjes.
In the distance he could see two boys running away.

Note: When the past participle ends in **-en**, the adjective doesn't get the ending **-e**.

Prefixes

Prefixes can give adjectives a different meaning. Examples are those that make an adjective's meaning negative or those that make it stronger. Examples:

De buurman links is een *on*aardige vent.
The neighbor to the left is an unfriendly guy.

De informatie in dit artikel is *in*correct.
The information in this article is incorrect.

Die nieuwe dominee is *aarts*conservatief.
That new vicar is highly conservative.

Sanne heeft een *hyper*modern fornuis.
Sanne has a hypermodern stove.

Common prefixes with a negative meaning

on-	**onbekend** unknown, **onbeleefd** impolite
niet-, non-	**niet-demokratisch** undemocratic, **non-actief** not active
in- (ir-, im-)	**inactief** inactive, **irreëel** irreal, **immoreel** immoral
a-	**asociaal** asocial, **atonaal** atonal

Common prefixes with a reinforcing meaning

aarts-	**aartslui** very lazy, **aartsgierig** very stingy, **aartslelijk** very ugly
oer-	**oerdom** very stupid, **oeroud** very old, **oersaai** very boring
door-	**doornat** wet through, **doorslecht** thoroughly bad
in- (intens)	**intriest** utterly sad, **ingemeen** utterly mean
over-	**overbeleefd** overly polite, **overactief** overly active

Suffixes

Many suffixes are used to form adjectives. The root words can be nouns, verbs, names, other adjectives, and so on. Examples:

Deze weg is erg gevaar*lijk* (from **gevaar** and **-lijk**).
This road is very dangerous.

Het is een regen*achtig*e (from **regenen** and **-achtig**) **dag.**
It's a rainy day.

Erik is een krit*isch*e (from **kritiek** and **-isch**) **consument.**
Erik is a critical consumer.

Dit is een leer*zaam* (from **leren** and **-zaam**) **boek.**
This is an instructive book.

Die vaas is breek*baar* (from **breken** and **-baar**).
That vase is fragile.

Kijk, een winter*s* (from **winter** and **-s**) **landschap.**
Look, a winter landscape.

We moeten op period*iek*e (from **periode** and **-iek**) **buien rekenen.**
We must be ready for periodic rain showers.

Ik heb een draad*loze* (from **draad** and **-loos**) **telefoon.**
I have a cordless phone.

Common suffixes for the formation of adjectives

-aal, -eel	**muzikaal** musical, **klassikaal** whole-class, **cultureel** cultural
-achtig	**roodachtig** reddish, **twijfelachtig** dubious, **kernachtig** concise
-baar	**tastbaar** tangible, **kwetsbaar** vulnerable, **betaalbaar** affordable
-ief, -iek	**facultatief** optional, **energiek** energetic
-ig, -erig	**nattig** clammy, **plagerig** teasingly, **dweperig** zealous
-isch	**tragisch** tragic, **komisch** comical, **biologisch** biological

-lijk	**zakelijk** businesslike, **fatsoenlijk** decent, **lichamelijk** physical
-loos	**werkeloos** unemployed, **dakloos** roofless, **draadloos** cordless
-matig	**doelmatig** purposeful, **kunstmatig** artificial
-s	**zomers** summerlike, **Luthers** Lutheran, **Texels** from Texel
-zaam	**werkzaam** working, **achtzaam** attentive, **eerzaam** honorable

Many of these suffixes have a similar meaning: of a certain nature, characteristic, manner, in a certain way (**-aal**, **-eel**, **-achtig**, **-ief**, **-iek**, **-ig**, **-erig**, **-isch**, **-lijk-**, **-matig**, **-s**). The suffixes **-baar** and **-zaam** often occur with verb stems, to say that something can be done: **buigzaam** 'can be bent, flexible', **denkbaar** 'conceivable'. The suffix **-loos** is used to express that the noun is without this: **dakloze mensen** 'homeless people', **de autoloze zondag** 'Sunday without cars, during the oil crisis in the seventies'.

The adjective in comparison

For an overview of the basic rules for the comparative and the superlative, check Unit 12 in *Basic Dutch*. This section takes a closer, contextualized look at the adjective in comparison, specifically in situations when things are not different, but alike.

Check the table with some data about Sanne and two of her friends.

	Sanne	Carina	Margo
leeftijd	**44 jaar**	**36 jaar**	**51 jaar**
lengte	**1.68 m**	**1.75 m**	**1.80 m**
kinderen	**2**	**0**	**3**
kopjes koffie per dag	**3**	**1**	**3**
sport per week	**2 keer**	**4 keer**	**4 keer**
aantal slaapkamers	**4**	**2**	**2**

Now look at the data that are different, and check the various ways the adjective is used.

Sanne is *ouder dan* Carina, maar Margo is *het oudst* (older than, oldest).
Margo is *de oudste* en Carina is *de jongste* (the oldest, the youngest).
Carina is *langer dan* Sanne, maar Margo is *het langst* (taller than, tallest).
Margo is *de langste* van de drie (the tallest).
Margo heeft *meer* kinderen dan Sanne (more children).
Sanne drinkt *meer* koffie dan Carina, die het minst drinkt (less, least).
Sanne gaat *minder vaak* sporten dan haar vriendinnen. Carina en Margo sporten *vaker* dan Sanne (less often, more often).
Sanne heeft een *groter* huis *dan* haar vriendinnen. Ja, haar huis is *het grootst* (a bigger house, the biggest).

33

Note the grammatical difference between the two sentences:

Margo is *het oudst*. The superlative is used as predicate adjective.
Margo is *de oudste*. The superlative is used as attributive adjective, the noun is implied (**Margo is *de oudste* vrouw**).

Now look at the similarities, and see how the adjectives are used:

Sanne en Margo drinken *evenveel* kopjes koffie per dag (the same amount).
Sanne drinkt *evenveel* koffie per dag als Margo.
Het huis van Carina is *even groot als* het huis van Margo (just as big as).
De huizen van Carina en Margo zijn *even groot*.
Margo sport *net zo vaak als* Carina (just as often as).
Margo en Carina sporten *even vaak*.

Note: To express that two or more things are not different, but similar, we use the words **even ... als**, **net zo ... als** and **even ....** The adjective can be a predicate adjective or an attributive adjective, although the latter is less common in this form, and the verb is implied (examples 2 and 4). Compare:

1 Predicate: **Mijn huis is *even groot als* het jouwe.**
2 Attributive: **Ik heb een *even groot* huis *als* jij (hebt).**
3 Predicate: **De auto van Erik is *net zo duur als* die van de buurman.**
4 Attributive: **Erik heeft een *net zo dure* auto *als* de buurman (heeft).**

The comparative with hoe ... hoe ... and hoe ... des te ...

This construction is used to show a positive correlation between two entities, similar to English *the more ... the more. ...* Examples:

Hoe meer je sport, hoe sterker je wordt. The more you exercise, the stronger you get.
Hoe meer je sport, des te sterker *je wordt*/Hoe meer je sport, des te sterker *word je*.

Note that the sentence with **des te** can be a subordinated sentence with the verb at the end, or the verb can follow the comparative adjective. The sentences beginning with **hoe** are all subordinated sentences. The combination **hoe ... hoe ...** can also be part of one sentence, and then it means *more and more*. Example:

Karin wordt hoe langer hoe mooier.
Karin becomes more and more beautiful.

The adjective after indefinite pronouns

After an indefinite pronoun, the adjective always ends in **-s**. Examples:

Erik: **Is er vandaag *iets leuks* op teevee?**
Is there something nice on TV today?

Sanne: **Nee, er is *niets leuks*.**
No, there is nothing nice.

Erik: **Hebben we *veel lekkers* in huis?**
Do we have a lot of snacks in the house?

Sanne: **Nee, we hebben *weinig lekkers* in huis.**
No, we have only a few snacks.

Erik: **Heb je *genoeg warms* bij je?**
Do you have enough warm things with you?

Sanne: **Ik heb *allerlei warms* bij me.**
I have all sorts of warm things with me.

Erik: **Ik heb *zoiets moois* gezien!**

I saw something so beautiful!

Sanne: ***Wat voor moois* heb je dan gezien?**
What beautiful thing did you see?

After **iets, niets, wat, wat voor, veel, weinig, meer, minder, genoeg, voldoende, zoiets**, and **allerlei**, the adjective ends in **-s**. With **iets** and **niets** and **wat**, this can also be an adjective in the comparative. Examples:

Sanne: **Deze wasmachine is duur. Ik wil liever *iets goedkopers*.**
This washing machine is expensive. I would prefer something cheaper.

Peter: **Er is *niets lekkerders* dan een grote biefstuk met knoflookboter.**
There is nothing tastier than a big steak with garlic butter.

Karin: **Nou, ik heb liever *wat kleiners*.**
Well, I'd prefer something smaller.

Exercise 4.1

Enter the correct form of the adjective.

1 De slaapkamer van Erik en Sanne is 24 vierkante meter. Die van Peter is 21. En die van Karin 16. De kamer van Peter is _____ dan die van

Karin, maar _____ dan die van Erik en Sanne. De kamer van Erik en Sanne is de _____. Karin heeft de _____ kamer.

2 Bij Jeroen eten ze twee keer in de week pizza, bij Peter één keer per week en bij Johan één keer per maand. Peter eet dus _____ pizza dan Johan, maar Jeroen eet de _____.

3 Peter speelt in de spits van zijn voetbalclub. Dit seizoen heeft hij 26 doelpunten gescoord. Johan heeft er 23 gescoord en Menno 18. Johan heeft dus _____ punten gescoord dan Peter, maar Menno heeft de _____ gescoord. Johan speelt dus _____ dan Menno. En wie is de _____ speler? Peter natuurlijk!

4 Karin zit op klarinetles. Zij heeft een klarinet die 1.500 euro kostte. Haar vriendin Katja heeft er een die 1.200 euro kostte. En die van Mirjam was 2.000 euro. De klarinet van Karin was _____ dan die van Katja. Maar Mirjam heeft de _____.

5 Sanne past een paar schoenen in maat 40. Ze zijn een beetje te klein. Ze vraagt om een _____ maat. Maar de verkoopster heeft ze niet _____. Maat 40 is al de _____ maat.

Exercise 4.2

Find the matching suffix for each adjective: **-loos**, **-zaam**, **-baar**, **-lijk**, **-s**, **-ig**, **-achtig**, **-ief**, **-isch**, **-aal**. Do not forget endings where necessary.

1 De koningin droeg tijdens de doop van haar kleinkind een bruin_____ jurk.

2 De toespraak van de rector bij de opening van het schooljaar duurde einde_____.

3 De rechtsachter gaf de spits een stomp in zijn rug. Dat was niet sport_____.

4 Is er een psych_____ reden voor jouw frequente absentie van de lessen?

5 Erik is al tien jaar bij hetzelfde bedrijf werk_____.

6 Ik moest van de conrector drie dagen het schoolplein schoonmaken, omdat ik een sigarettepeuk op de tegels uitdrukte. Dat vond ik geen rede_____ straf.

7 Wij hadden vroeger een draag_____ televisie die je mee kon nemen naar de slaapkamer.

8 Goh, wat ben jij vandaag zomer_____ gekleed. Heb je het niet koud?

9 Ik vond zijn gedrag op dat feestje gisteren nogal theatr_____.

10 De gasten kregen op de bruiloft een water_____ soep geserveerd.

Exercise 4.3

Look at the data and complete the sentences, using the adjective in comparison.

	Peter	Johan	Menno
schoenmaat	41	40	40
prijs van hun scooter	1200 euro	1400 euro	1500 euro
cijfer voor wiskunde	8	8	6
vriendinnetjes	2	4	0
sigaretten per dag	6	6	een pakje
voetbaltraining	3 keer/week	3 keer/week	2 keer/week

1 De voeten van Menno zijn _____ die van Johan. 2 Peter heeft _____ schoenmaat. 3 Menno heeft _____ scooter. 4 Peter en Johan zijn _____ in wiskunde. 5 Het cijfer voor wiskunde van Menno is (laag) _____. 6 Johan is (populair) _____ bij de meisjes dan Peter en Menno. 7 Menno is bij de meisjes _____ populair. 8 Menno rookt _____ sigaretten _____ Johan. 9 Peter gaat _____ trainen _____ Johan. 10 Menno traint _____ zijn vrienden.

Exercise 4.4

Replace the words between brackets with the indefinite pronoun + adjective + -s. If there is a **zo** in the sentence, you use the word **zoiets**.

1 Ik heb (iets wat duur was) _____ gekocht.
2 Ik heb (niets wat interessant was) _____ gelezen.
3 Hij schreef mij (veel wat lief was) _____ in zijn brief.
4 Hoe kan je nou (iets wat *zo* onaardig is) _____ zeggen?!
5 We horen (weinig wat goed is) _____ van de familie in het noorden.
6 Ze heeft (allerlei leuke dingen) _____ in Parijs gedaan.
7 (Wat voor lekkere dingen) _____ heb jij vandaag in je lunchpakket?
8 Ik heb tot nog toe (niets wat beter is) _____ tegen m'n asthma gevonden.
9 Bij deze rok moet je (iets wat wit is) _____ dragen.
10 Bah! Ik heb nog nooit (iets wat *zo* smerig is) _____ gezien.

Exercise 4.5

Speaking exercise. Take three different famous talkshows and compare the hosts, the music, the topics, the entertainment value, etc.

Exercise 4.6

Speaking exercise. Sit with three or four people in a group. You are plan-
ning a vacation together. Each of you would like to go to a different
city. Discuss the advantages of, for example, New York, San Francisco,
Chicago, and New Orleans. Which city is the best, and why?

UNIT FIVE
Possessives

Introduction

In Unit 10 of *Basic Dutch* we discussed possessive pronouns. This unit starts with an overview of the possessive pronouns as described there. It then introduces you to some other more commonly and less commonly used forms of the possessive.

Possessive pronouns: overview

	Singular		Plural
mijn, m'n	my	**ons, onze**	our
jouw, je	your	**jullie, je**	your
uw	your (formal)	**uw**	your (formal)
zijn, z'n, haar, d'r	his, her	**hun**	their

Note: There are unstressed, reduced forms of the possessive pronouns in the first, second and third person singular as well as in the second person plural. The forms **m'n**, **z'n** and **d'r** are more common in spoken, colloquial Dutch. The short form for the second person plural is used to avoid repetition in the sentence. Examples:

Sanne: **Peter en Karin, breng even *jullie* lakens naar beneden.**
Peter and Karin, will you bring your sheets downstairs?

Sanne: **Peter en Karin, kunnen jullie *je* lakens even naar beneden brengen?**
Peter and Karin, can you bring your sheets downstairs?

The possessive -s

Just like in English, an **-s** can be attached to a word or a name to express a relationship of possession. Only when this word or name ends in a, o, u, i, é or y, do we add an apostrophe. Examples:

39

Peter: **Ik ga even op *Eriks* fiets naar de winkel.**
          I'm going to the store on Erik's bike.
Karin: **Ik draag mijn *moeders* gymschoenen.**
          I'm wearing my mother's sneakers.
Sanne: ***Lydia's* moeder ligt in het ziekenhuis.**
          Lydia's mom is in the hospital.
Karin: **Is dit *oma's* recept voor speculaas?**
          Is this grandma's recipe for gingerbread?

The possessive with van

More commonly used than the possessive **-s**, however, is the construction
with the preposition **van**. Examples:

Ik neem even de fiets *van Erik*.	I'll take Erik's bike for a minute.
De banden *van m'n fiets* zijn plat.	The tires of my bike are flat.
Deze gymschoenen zijn *van mijn/m'n moeder*.	These sneakers are my mom's.
De moeder *van Lydia* ligt in het ziekenhuis.	Lydia's mom is in the hospital.
Is dit het recept *van oma*?	Is this grandma's recipe?

Informal possessive constructions with z'n, d'r, hun

In very informal speech, the reduced forms **z'n**, **d'r** and the full form
hun can appear behind a name or a word to express a relationship of
possession. Examples:

Ik neem *Erik z'n* fiets even.	I'll take Erik's bike for a minute.
***Lydia d'r* moeder ligt in het ziekenhuis.**	Lydia's mom is in the hospital.
***De hond z'n* voerbak is leeg.**	The dog's foodbowl is empty.
***De kinderen hun* boeken slingeren hier rond.**	The kids' books are lying around here.

The possessive in questions

To ask to whom something belongs, one can therefore choose from
different options. In more formal speech, we use **wiens** or **van wie**.

Examples:

Wiens **koffie is dit?**	Whose coffee is this?
Wiens **sokken liggen hier?**	Whose socks are lying here?
Van wie **is dit boek?**	Whose book is this?
Van wie **zijn die gymschoenen?**	Whose sneakers are these?
Van wie **ben jij er één?**	Whom do you belong to? Who is your father?

In very informal speech, we use the question word **wie** with the reduced forms **z'n** or **d'r**. Examples:

Wie z'n **koffie staat hier koud te worden?**	Whose coffee is getting cold here?
Wie d'r **lippenstift zit daar op je kraag?**	Whose lipstick is that on your collar?

Note: The form **wie z'n** is much more common because it can be used independently from gender, while **wie d'r** in the singular always refers to someone or something female.

The possessive van in combination with die or dat

Another common form of the possessive, often used to contrast with the stressed form of the possessive pronoun, is the preposition **van** in combination with the demonstrative pronoun **die** or **dat** and the *object form* of the personal pronoun. Examples:

Nemen we <u>jouw</u> auto of *die van mij*?	Shall we take your car or mine?
Is <u>jullie</u> huis of *dat van ons* **groter?**	Is your house bigger or is ours?
Neem ik <u>mijn</u> gympen of *die van jou*?	Do I take my own sneakers or yours?

This construction is also possible with other forms of the possessive as described above:

Nemen we <u>oma's</u> recept of *dat van jou*?	Do we take grandma's recipe or yours?
Ga ik met <u>Erik z'n</u> fiets of *die van mij*?	Do I go with Erik's bike or mine?
Is dit <u>jouw</u> sportbroek of *die van Erik*?	Are these your sports pants or Erik's?

41

The possessive with de or het + possessive pronoun + -e

Lastly, there is an independent form of the possessive in which the article relative to the noun is combined with the stressed form of the possessive pronoun (except **jullie**) to which an **-e** is added. Examples:

> **Neem ik m'n eigen fiets of** *de jouwe*?
> Do I take my own bike or yours?

> **Gebruiken we oma's recept of** *het mijne*?
> Do we use grandma's recipe or mine?

Erik: **Die tuin van Schuurman is echt veel mooier dan** *de onze.*
Schuurman's garden is really much more beautiful than ours.

Sanne: **Ja, maar ons grondstuk heeft meer schaduw dan** *het hunne.*
Yes, but our property is shadier than theirs.

While grammatically certainly correct, this form is less common than combinations with the preposition **van**, such as **dat/die van mij/jou**, etc., especially for the personal pronoun plural. In speech, we would probably rather say **dat/die van hun** than **het/de hunne**.

Overview

mijn, m'n	dat/die van mij	de/het mijne
jouw, je, uw	dat/die van jou, u	de/het jouwe, uwe
zijn, z'n, haar, d'r	dat/die van hem, haar	de/het zijne, hare
ons, onze	dat/die van ons	de/het onze
jullie, je, uw	dat/die van jullie, u	_____
hun	dat/die van hun	de/het hunne

Exercise 5.1

Use the possessive with **dat/die van . . . .** Note: **het**-words are marked with *

Example: **Mijn opstel* is klaar. Heb jij** (*yours*) *dat van jou* **al af?**

1 Karin: Mijn spijkerbroek is in de was. Mag ik (*Peter's*) _____ aan?

2 Sanne: Lydia's haar* zit leuk. Veel beter dan (*mine*) _____.

3 Erik: Onze hond is lui. Is (*yours, formal*) _____ ook zo lui?
4 Meneer X: Nee, (*ours*) _____ is een echte wildebras.
5 Peter: De ouders van Johan kopen een nieuwe caravan. (*Theirs*)
                 _____ is veel te klein geworden, zegt Johan.
6 Karin: Mijn opstel* voor Engels was heel goed. Aysha kreeg maar
                 een 6 voor (*hers*) _____.
7 Buurman: Onze grasmaaier is kapot. Mag ik (*yours, plural, informal*)
                 _____ lenen?
8 Sanne: Peter, is dit jouw mobiele telefoon? Waar is (*Karin's*)
                 _____?

Exercise 5.2

What is the question? You sometimes have more than one way to ask.

1 _____? Nee, dat is mijn koffie niet.
2 _____? Ja, dat is het mobieltje van Karin.
3 _____? Die sokken zijn van Erik, geloof ik.
4 _____? Ik weet niet van wie die tas is.
5 _____? Nee mevrouw, die hond is niet van mij.

Exercise 5.3

Use the possessive with **de/het mijne/jouwe**, etc. following the example.
A * indicates that the noun is a **het**-word.

     Example: **Mijn mobiele telefoon is kapot.**
                 *Mag ik (*yours*) **de jouwe** even gebruiken?*

1 Erik: Zullen we dit jaar met jullie tent op vankantie gaan of met
                 (*ours*) _____?
2 Vriend   (*Ours*) _____, die is een beetje groter, denk ik.
   van Erik:
3 Karin: Geef me even je pen, (*mine*) _____ doet het niet.
4 Aysha: Kees, geef Karin even je pen, (*hers*) _____ doet het niet.
5 Karin: Ben je gek, ik wil (*his*) _____ niet, ik wil (*yours*) _____.
6 Sanne: Ah, u heeft de schaatsen van mijn man al klaar,
                 zijn (*mine*) _____ mischien ook al geslepen?
7 Slijper: Nee mevrouw, (*yours, formal*) _____ moet ik nog
                 doen.

43

8 Erik: Buurman komt even de grasmaaier lenen want (*theirs*) _____ werkt niet.

9 Peter: Ik heb geen woordenboek* Engels, mag ik (*yours*) _____ lenen?

10 Karin: (*mine*) _____ ligt boven, haal het zelf maar.

UNIT SIX
Indefinite pronouns

Introduction

This unit is an introduction to the most commonly used indefinite pronouns. Indefinite pronouns refer to unspecified people or things. For information on indefinite numbers, check Unit 4 of *Basic Dutch*.

Indefinite pronouns

men	one	**iemand**	someone
je	one	**niemand**	no one
ze	they	**iets, wat**	something
we	we (in general)	**niets, niks**	nothing
al	all	**elk(e)**	each, every
alle(n)	all	**ieder(e)**	each, every
alles	everything	**iedereen**	everyone
allemaal	all		

Men, je, ze, we

The indefinite pronoun **men** is used to make general, rather formal statements. It can only be used in the subject position, and the verb form is singular. Examples:

Men **mag hier niet roken.**	Smoking is prohibited.
Men **zegt dat Napoleon hier geslapen heeft.**	They say that Napoleon slept here.

In a statement with **men**, the emphasis lies on the action rather than the agent of the action. In Dutch, such statements are often expressed in the passive form. Compare:

Men **mag hier niet roken.**   Passive: **Hier mag niet gerookt worden.**
Men **zegt dat Napoleon hier**   Passive: **Er wordt gezegd dat**
geslapen heeft.   **Napoleon hier geslapen heeft.**

The pronoun **men** is primarily used in formal speech. In less formal speech, Dutch uses the pronouns **je**, **ze** and **we**. While **men** can only be used in the subject position in the sentence, **je** can take both the subject and object positions. Examples:

In dat restaurant kun *je* heerlijk eten.
One can have delicious meals in that restaurant.

Als *je* (subject) **een beetje extra betaalt, laat een gids *je*** (object) **de hele stad zien.**
If you pay a little extra, a guide will show you the whole city.

A sentence with indefinite **je** includes the speaker and the listener and is therefore more personal. However, using indefinite **je** is not always possible. In some contexts, indefinite **je** could create confusion with the personal pronoun **je**. Compare:

Men **zegt dat er een hittegolf komt.**
They say there is going to be a heatwave.

Je **zegt dat er een hittegolf komt.** – This would be incorrect.

In such contexts, **men** can always be replaced with the more informal **ze**. Example:

Ze **zeggen dat er een hittegolf komt.**
They say there is going to be a heatwave.

The other more personal form that includes the speaker and the listener is **we**. Compare the following sentences that could be found in a grammar book:

Hier gebruikt *men* het bepaald lidwoord.
Here, the definite article is used.

Hier gebruiken *we* het bepaald lidwoord.
Here, we use the definite article.

Essentially, the two sentences mean the same, but the sentence with **we** is more informal, more personal. The same can be said for the more informal form **ze**. It doesn't include speaker and listener, but it is much more common than **men**. Compare:

Men **bouwt hier een nieuw winkelcentrum.**
A new shopping center is being built here.

Ze **bouwen hier een nieuw winkelcentrum.**
They're building a new shopping center here.

Men **zegt dat hij corrupt is.**
It is said that he is corrupt.

Ze **zeggen dat hij corrupt is.**
They say that he is corrupt.

Again, for a sentence such as **Ze bouwen hier een nieuw winkelcentrum**, using the passive form would be equally common:

Er wordt hier een nieuw winkelcentrum gebouwd.
A new shopping center is being built here.

Final note: The verb form with **men** and **je** is always singular, and with **ze** and **we** it is plural. Also, the stressed form of **je**, **jij**, cannot be used as an indefinite pronoun.

Iemand, niemand, iets, niets

The pronouns **iemand** and **niemand** are used for persons. **Niemand** is the negation of **iemand**. The pronouns **iets** and **niets** are used for things. **Niets** is the negation of **iets**. A more informal form of **iets** is **wat**, and a more informal form of **niets** is **niks**. Examples:

Hebben ze al *iemand* **voor die baan?**
Do they have someone for that job?

Nee, er heeft *niemand* **op gesolliciteerd.**
No, nobody applied for it.

Ik zoek *iets* **leuks voor een vriendin, maar ik kan** *niets* **vinden.**
I'm looking for something nice for a friend, but I can't find anything.

Sanne: Wat is er met je? Erik: *Niks.*
Sanne: What's wrong with you? Erik: Nothing.

Zeg eens *wat*! (= **Zeg eens** *iets*!)
Say something!

Note: As a synonym for **iets**, **wat** cannot be used at the beginning of the sentence, before **niet** or with a preposition. Examples:

Iets **is beter dan niets.**
Something is better than nothing.

Ik heb *iets* niet begrepen.
There's something I didn't understand.

Wil jij je koffie met *iets* erbij?
Would you like your coffee with something to eat?

Therefore, 'Wat is beter dan niets', 'Ik heb wat niet begrepen', and 'Wil je koffie met wat erbij?' are all incorrect.

The pronouns **iets** and **niets** with prepositions

A more common alternative for the pronoun **iets** with a *preposition* is **ergens** with a preposition. The negative form is **nergens** with a preposition. Examples:

Ik denk <u>aan</u> *iets*. → **Ik denk *ergens* <u>aan</u>.**
I'm thinking about something.

Ik weet <u>van</u> *niets*. → **Ik weet *nergens* <u>van</u>.**
I am not in the know.

If the sentence has a direct object, the object follows **nergens** or **ergens**. The preposition is at the end of the sentence. Example:

Heb je zin <u>in</u> *iets*? → **Heb je *ergens* zin <u>in</u>?**
Is there anything you'd like?

Hij heeft verstand <u>van</u> *niets*. → **Hij heeft *nergens* verstand <u>van</u>.**
He doesn't have a clue about anything.

Al, alle(n), alles, allemaal

While all four of the pronouns listed above have a common meaning, namely to refer to a collective of things or persons, they are different in their grammatical use. First, a brief overview in the table below:

al	with uncountable **het**-nouns, demonstrative and possessive pronouns
alle	with uncountable **de**-nouns in the singular, countable nouns in the plural, and numbers
allen	refers only to a group of persons (similar to **iedereen** 'everyone')
alles	refers to a collective of things, the opposite of **niets**
allemaal	refers to a collective of people or things, follows the noun to which it refers

In the singular, the pronoun **al** is used before uncountable nouns with **het**, with a demonstrative pronoun or with a possessive pronoun. Examples for each:

Is *al* <u>het</u> **bier uitverkocht?**   Is the beer all sold out?
Al <u>die</u> **pijn, helemaal voor niks!**   All that pain, totally for nothing!
Al <u>dat</u> **gezeur over politiek!**   All that nagging about politics!
Ik heb *al* <u>mijn</u> **brood opgegeten.**   I finished all my bread.

In the plural, the pronoun **al** is used before demonstratives and possessive pronouns. Examples:

Al **deze mensen hebben een uitnodiging gekregen.**
All these people have been invited.

Zijn *al* **die sokken hier van jou?**
Are all those socks here yours?

Al **mijn witte overhemden zijn in de was.**
All my white shirts are in the laundry.

Peter heeft *al* **zijn broodjes gegeten.**
Peter has eaten all his sandwiches.

The pronoun **alle** is used before uncountable or abstract **de**-words in the singular. Examples of such words are **koffie** 'coffee', **suiker** 'sugar', **moeite** 'effort', **macht** 'power', **pijn** 'pain' and the like. **Alle** is also used before countable nouns in the plural. Examples:

Alle **koffie is op.**
All the coffee is finished.

Alle **macht is in handen van de multinationals.**
All power is in the hands of the multinationals.

Alle **kinderen krijgen een speculaaspop.**
All kids will get a gingerbread man.

The pronoun **alle** is also used before a number standing by itself or a number in combination with **de**, with a demonstrative or with a possessive pronoun. Examples:

Alle **vijf huizen zijn verkocht.**
All five houses have been sold.

Alle **drie de katten hebben een inenting gekregen.**
All three cats have had a shot.

49

Heb je *alle* vier die koekjes opgegeten?
Did you eat all four of those cookies?

***Alle* drie onze kinderen studeren.**
All three of our children go to university.

The pronoun **allen** is used only to refer to a group of persons. In more informal speech, **allen** is replaced by **iedereen**, which is much more common. Examples:

Ik heb *allen* een uitnodiging gestuurd.
I have sent an invitation to everyone.

Ik heb *iedereen* een uitnodiging gestuurd.
I have sent an invitation to everyone.

The pronoun **alles** is used to refer to a group of things; it is the opposite of **niets**. A relative sentence following this pronoun will begin with **wat**. Examples:

Ik heb *alles* gehoord.
I heard everything.

***Alles* <u>wat</u> je daar zegt, is grote kletskoek.**
Everything you're saying there is hogwash.

In combination with a preposition, **alles** is often replaced by **overal**. Example:

Jij denkt <u>aan</u> *alles*! → Jij denkt *overal* <u>aan</u>!
You think about everything.

If the sentence has a direct object, the object is placed after **overal** and before the preposition. The preposition is at the end of the sentence. Example:

Hij heeft een mening <u>over</u> *alles*. → Hij heeft *overal* een mening <u>over</u>.
He has an opinion about everything.

Jij maakt een punt <u>van</u> *alles*! → Jij maakt *overal* een punt <u>van</u>.
You make an issue out of everything.

The pronoun **allemaal** is used primarily in speech. Its position in the sentence is after the noun or pronoun to which it refers and after the finite verb. It can refer to persons and things. Examples:

De kinderen krijgen *allemaal* **een appel.**	The children will all get an apple.	Indefinite pronouns
Ik heb die boeken *allemaal* **gelezen.**	I have read all those books.	
Jullie mogen *allemaal* **mee.**	You can all come along.	
Moet dat *allemaal* **gewassen?**	Does all of that have to be washed?	

More formal equivalents of the first two sentences would use **alle** and **al**. Examples:

Alle **kinderen krijgen een appel.**	All the children will get an apple.
Ik heb *al* **die boeken gelezen.**	I have read all those books.

Elk, ieder, iedereen

The pronouns **elk** and **ieder** can be used in combination with a countable noun in the singular, and they can refer to both persons and things. Used as an attributive adjective, they follow the rules for the adjective declination.

De schrijver signeert *elk/ieder* **boek.**
The writer signs each book.

Elke/Iedere **student krijgt een gesigneerd boek.**
Each student gets a signed book.

As you can see in the examples, as adjectives, **elk** and **ieder** are interchangeable. When used independently (without ending), however, **ieder** can only refer to people, not to things, while **elk** can refer to people and things. Examples:

De kinderen kregen *elk* **een speculaaspop.**
The children each got a gingerbread man.
Alternative: **De kinderen kregen** *ieder* **een speculaaspop.**

De schrijver signeerde *elk* **van de boeken.**
The writer signed every one of the books.

De schrijver signeerde *ieder* **van de boeken.** – This would not be correct.

The pronoun **iedereen** is used independently and only refers to persons. In this function, it is the equivalent of **alles**, which refers only to things. At the same time, **iedereen** is the more informal form of **allen**. However, when **iedereen** is used in the subject position, the verb form is third person singular.

Iedereen **ging mee naar dat concert.**   Everyone went along to the concert.

Ik heb voor *iedereen* **iets meegebracht.**   I brought something for everyone.

Exercise 6.1

Can **men** in these sentences be replaced by **je**?

1 Men mag hier niet harder dan 50 rijden.
2 Men betaalt in deze pizzeria gemiddeld 12 euro voor een pizza.
3 Men zou hier een speelplaats voor kinderen moeten aanleggen.
4 Op deze school wil men het roken op het schoolplein verbieden.
5 Als er een voetganger op de zebra loopt, moet men stoppen.

Exercise 6.2

Fill in the blanks with **je**, **men** or **ze**. Sometimes, you can use more than one form, but note the verb form, which limits your options.

1 Bij die kapper krijg _____ een kop koffie als _____ moet wachten.
2 _____ hebben hier onder de grond een graf uit de middeleeuwen gevonden.
3 Als _____ lid bent van die club, heb _____ recht op 20% korting op consumpties.
4 _____ mag in dit natuurreservaat in het broedseizoen niet wandelen.
5 In dit hotel doen ze alles voor _____; wat een geweldige service!

Exercise 6.3

Fill in the blanks with **iemand, niemand, iets, niets**.

1a Erik: Ik zou wel _____ lekkers bij de koffie lusten.
1b Sanne: Dan moet je naar de bakker, want we hebben _____ in huis.
2a Peter: Er was een inbraak op school, maar _____ weet wie het gedaan heeft.
2b Erik: Ja, ik weet ervan, er stond _____ over in de krant vanmorgen.
3a Peter: Moeten we voor morgen _____ voor wiskunde doen?
3b Johan: Ik geloof het niet, ik heb tenminste _____ in m'n agenda staan.
4a Karin: Ik begrijp _____ van deze natuurkundeopgave.
4b Aysha: Ik ook niet. We moeten het aan _____ anders vragen. Linda?

5a Peter: Ik zoek _____ voor m'n vaders verjaardag. After shave? Een hamer?

5b Johan: Jemig man, kun je _____ leukers voor je vader bedenken?

Exercise 6.4

Exercise 6.4

Which one of the words is correct? **alles, iedereen, allemaal**

1 De studenten hadden alles/iedereen/allemaal een onvoldoende voor de test.
2 Maar dat komt omdat alles/iedereen/allemaal niet goed gestudeerd had.
3 Ze moesten de test alles/iedereen/allemaal nog een keer doen.
4 Ze hebben alles/iedereen/allemaal opnieuw moeten bestuderen.
5 Na de test had nog niet alles/iedereen/allemaal een voldoende, maar wel de meesten.

Exercise 6.5

Fill in the correct word: **al, alle, allen, alles, allemaal**.

1a Sanne: Van wie zijn _____ die spullen hier? Ik wil de tafel dekken.
1b Peter: Dat is _____ van mij, ik ruim het wel op.
2a Erik: Mag ik _____ bedanken die naar de vergadering zijn gekomen?
2b Meneer Brandsma: Graag gedaan. Ik heb _____ genoteerd.
3a Sanne: Zijn de asperges _____ nu al op?
3b Groenteboer: Ja, mevrouw, _____ is uitverkocht. Sorry!
4a Karin: Ik begrijp niet waarom we _____ die oefeningen moeten doen.
4b Aysha: Ik schrijf morgen _____ antwoorden even van Linda over.
5a Erik: Gaan jullie eigenlijk _____ naar dat popconcert volgende week?
5b Peter: Ja, dat wil zeggen, _____ geluksvogels die een kaartje hebben.
6a Peter: _____onze buren hebben satelliet, waarom wij niet?
6b Erik: Ik hoef die kanalen niet _____ te zien.

Exercise 6.6

Enter the correct form of **elk** or **ieder**.

Situation: Sanne and her sports.

Sanne gaat _____ (1) week een paar maal sporten. Ze gaat naar _____ (2) van de drie groepscursussen: yoga, step, pilates. Ze vindt niet

_____ (3) instructeur even goed. Toch leert ze bij _____ (4) van de instructeurs nieuwe dingen. Ze voelt zich topfit na _____ (5) les.

Exercise 6.7

Change the sentence into a form with **ergens**, **nergens**, **overal**.

Example: **Jij klaagt over alles!** → **Jij klaagt overal over.**

1 Ik maak me zorgen over niets. _____
2 Hij weet antwoord op alles.   _____
3 Denk je aan iets?   _____
4 Wij weten van niets.   _____
5 Ik heb een hekel aan alles.   _____

Exercise 6.8

In the blanks in Erik's story, use any of the indefinite pronouns discussed in this chapter. Sometimes, you have more than one option.

Situation: Vacation with the gang.

Ik ga _____ (1) jaar een week op vakantie met een paar oude vrienden van school. _____ (2) van ons brengt z'n eigen tent mee, en we hebben ook _____ (3) een goede visuitrusting. We koken _____ (4) maaltijden zelf, en _____ (5) van ons wil die week in een restaurant eten. _____ (6) vissen die we vangen, maken we zelf schoon en we eten ook meestal _____ (7) in die week op. Na een fantastische week, als _____ (8) het bier op is en _____ (9) verhalen verteld zijn, wil _____ (10) wel weer naar huis.

UNIT SEVEN
The pronouns **zich**, **zelf** and **elkaar**

Introduction

The pronoun **zich** is a reflexive pronoun. It occurs with reflexive verbs such as **zich schamen** 'to be ashamed' or with verbs that can be reflexive or not, for example **zich wassen** 'to wash oneself'. For an overview on reflexive verbs, see *Basic Dutch*, Unit 21. The pronoun **zelf** can be connected to reflexive and personal pronouns to emphasize a contrast between self and other. The pronoun **elkaar** 'each other' is a reciprocal pronoun.

Conjugation of a reflexive verb, the pronoun zich

In this overview of the verb **zich schamen**, you notice that **zich** is the reflexive pronoun for the second person formal (**u**), and the third person singular and plural.

Singular		Plural	
ik schaam *me*	myself	**wij/we schamen** *ons*	ourselves
jij schaamt *je*	yourself	**jullie schamen** *je*	yourselves
u schaamt *zich* (*u*)	yourself	**u schaamt** *zich* (*u*)	yourselves
hij, zij/ze schaamt *zich*	him/her/itself	**zij/ze schamen** *zich*	themselves

The reflexive pronoun and zelf

In combination with verbs that can be used as reflexive or non-reflexive verbs, the reflexive pronoun can be combined with **zelf** to emphasize a contrast with 'other'.

Ik was *mezelf* **en daarna de baby.**	I wash myself and then the baby.
Hij stelde *zichzelf* **en zijn vrouw voor.**	He introduced himself and his wife.

Note: In some fixed expressions, the reflexive pronoun has to be connected with **zelf**:

Ik ben *mezelf* niet.	I am not my (usual) self.
Hij kwam weer tot *zichzelf*.	He collected, composed himself.
Hoelang woon je al op *jezelf*?	How long have you lived on your own?

Personal pronouns and zelf

In non-reflexive combinations, the subject and object forms of the personal pronoun can be connected with **zelf**. Examples:

Ikzelf **houd niet zo van wijn, maar mijn man wel.**
I myself don't like wine that much, but my husband does.

Is dit boek een geschenk, of is het voor *uzelf*?
Is this book a gift, or is it for yourself?

De man van Marie is al hier, maar *haarzelf* heb ik nog niet gezien.
Marie's husband is here, but her I have not yet seen.

Onze buren gaan op vakantie, maar *wijzelf* blijven dit jaar thuis.
Our neighbors are going on vacation, but we stay home this year.

Komt Erik vanavond?
Is Erik coming tonight?

Weet ik niet. Vraag het *hemzelf*.
I don't know. Ask *him*.

In many cases, especially when **zelf** is connected with the subject form of the personal pronoun, the pronoun and **zelf** are separated. The position of **zelf** can be at the beginning of the sentence or after the verb. Separated forms of the examples above:

Ik **houd *zelf* niet zo van wijn, maar mijn man wel.**
I don't really like wine, but my husband does.

Zelf **houd *ik* niet zo van wijn, maar mijn man wel.**
I don't really like wine, but my husband does.

Onze buren gaan op vakantie, maar *wij* blijven *zelf* dit jaar thuis.
Our neighbors are going on vacation, but we will stay home this year.

Onze buren gaan op vakantie, maar *zelf* blijven *we* dit jaar thuis.
Our neighbors are going on vacation, but we will stay home this year.

The unstressed forms **we** and **ze** are always written separately from **zelf**. Note the difference in the third person between the reflexive pronoun and the object forms:

> **Hij heeft een boek voor** *zichzelf* **gekocht.**
> He bought a book for himself.

> **Het boek is voor** *hemzelf.*
> The book is for him himself (not for anyone else).

The pronoun zelf on its own

As an independent demonstrative pronoun, **zelf** can be connected with nouns and pronouns to stress that that object or person is meant and not something or someone else. In combination with personal pronouns, it often means 'without help from others'.

Hij heeft dat huis *zelf* **gebouwd.**	He built that house himself.
Ik wil dat liever *zelf* **doen.**	I would rather do that myself.
Het huis *zelf* **is klaar, de garage nog niet.**	The house itself is finished, the garage isn't.

Note: In reflexive constructions, it can be unclear whether the reflexive pronoun is meant or the personal pronoun with **zelf**. Examples:

De patiënt wast *zich zelf.*	The patient washes himself (on his own, without help).
De patiënt wast *zichzelf.*	The patient washes himself.

In speech, the difference is audible in the stress on **zelf** in the separated forms. Note the difference in intonation in the following sentences:

> **De patiënt wast zich** *zelf.* **De patiënt** *wast* **zichzelf.**

The reciprocal pronoun elkaar

The pronoun **elkaar** is used in an action in which two or more people are involved doing something with, to, or for each other. Examples:

> **Mijn overbuurman en ik groeten** *elkaar* **niet meer.**
> My neighbor across the street and I, we don't greet each other anymore.

> **Kunnen die twee** *elkaar* **vertrouwen?**
> Can those two trust each other?

Wij lenen altijd boeken van *elkaar*.
We always borrow each other's books.

Kees en Rianne lijken op *elkaar*.
Kees and Rianne look alike.

An informal, mostly spoken form of **elkaar** is **mekaar**.

The pronoun **elkaar** can also be used as an adjective, **elkaars** ....
Examples:

Peter en Johan gebruiken altijd *elkaars* pennen.
Peter and Johan always use each other's pens.

Sanne en Karin dragen soms *elkaars* kleren.
Sanne and Karin sometimes wear each other's clothes.

Exercise 7.1

Fill in the correct pronoun with **-zelf**.

1 Vroeger scheerden de mannen _____ niet _____, ze gingen naar een barbier.
2 Lydia koopt twee boeken; het een is voor een jarige vriendin en het andere is voor _____. Dat gaat ze vanavond meteen lezen.
3 We kopen dit jaar alleen sinterklaaskado's voor _____, niet voor de hele familie.
4 Mijn man is gek op boxwedstrijden op tv, maar _____ vind er _____ niets aan.
5 Kunt u _____ even een kop koffie inschenken, meneer Jansen?
6 Sorry hoor, maar ik moet even tot _____ komen, ik ben zo geschrokken van dat ongeluk.
7 Ze zeggen dat het goed met Niko gaat op St. Maarten, maar van _____ heb ik nog geen bericht gehoord.
8 Wil _____ je veters _____ vastmaken, of zal ik het voor je doen?
9 Vanavond koken we niet, we laten _____ bedienen. We gaan naar Pizzeria Luca.
10 Peter en Karin, maken _____ je ontbijt _____ even? Er is vers brood van de bakker.

Exercise 7.2

Fill in the blanks with **zelf**, **elkaar**, **elkaars**.

1 Peter en Johan helpen _____ meestal met hun huiswerk, maar Karin doet haar huiswerk altijd _____.
2 Peter en Johan gebruiken daarom ook altijd _____ boeken. Als Peter bij Johan is, brengt hij _____ geen boeken mee. En omgekeerd.
3 Sanne en Erik en hun buren geven _____ kinderen elk jaar met Sinterklaas een grote zak snoep.
4 Karin en Aysha hebben elk _____ een fiets, maar als ze de stad in gaan, zitten ze altijd bij _____ achterop, op Aysha's fiets of op die van Karin.
5 Maar vorige week hadden ze ruzie; ze telefoneerden niet met _____ en je zag ze de hele week niet in _____ gezelschap.

Exercise 7.3

Answer the questions and follow the example:

Example: **Heeft Erik de auto laten repareren?**
          Nee, hij heeft de auto zelf gerepareerd.

1 Laten jullie je huis verbouwen? Nee, _____
2 Laat Sanne haar haar verven? Nee, _____
3 Laat Erik zijn brood bezorgen? (use **halen**) Nee, _____
4 Laat Sanne een nieuwe jurk maken? Nee, _____
5 Laat Sanne haar huis schoonmaken? Nee, _____

UNIT EIGHT
Demonstratives

Introduction

In Unit 9 of *Basic Dutch* we introduced the basic demonstrative pronouns **deze**, **die**, **dit** and **dat**, and their usage with a noun or independently without a noun. The table shows demonstrative pronouns with **de**-words, **het**-words, and in the plural.

	dichtbij close, **hier** here		**ver weg** far away, **daar** there	
de-words	*deze* **auto**	this car	*die* **auto**	that car
plural	*deze* **auto's**	these cars	*die* **auto's**	those cars
het-words	*dit* **huis**	this house	*dat* **huis**	that house
plural	*deze* **huizen**	these houses	*die* **huizen**	those houses

This unit introduces you to three more demonstratives: **zo'n**, **zulk**, and **zulke**.

Zo'n

The pronoun **zo'n**, which is an abbreviated form of **zo een** 'such a', is used with countable **de**-words and **het**-words in the singular. Used with an adjective, it makes the meaning of that adjective stronger, and used with a noun, it puts that noun into a certain category, it classifies the noun. Examples:

Erik en Sanne hebben *zo'n* mooi huis!
Erik and Sanne have such a beautiful house!

Mag ik van u *zo'n* broodje met kaas en ham?
Could I have one of those sandwiches with cheese and ham?

Met *zo'n* man zou ik niet getrouwd willen wezen.
I wouldn't want to be married to such a man.

Zulk

The pronoun **zulk** 'such' is used for uncountable **het**-words in the singular. Used with an adjective, it makes the meaning of that adjective stronger. Used with a noun, it has a more classifying meaning, it talks about things of a particular kind.

Ik vind dit *zulk* smerig water!	I find this water so disgusting!
Boer Jansen heeft *zulk* mooi vee!	Farmer Jansen has such beautiful cattle!
Ik wil een tafel van *zulk* hout.	I want a table of that kind of wood.

Zulke

The pronoun **zulke** 'such' is used with uncountable **de**-words in the singular (the first two examples below) and with all plurals. Accordingly, the plural of **zo'n** is **zulke**. Its meaning is the same as in **zo'n** and **zulk**; when used with an adjective, it makes the meaning of that adjective stronger, and with a noun it classifies that noun.

Dit is *zulke* lekkere boter!	This is such yummy butter!
Kun jij met *zulke* wol breien?	Can you knit with this kind of wool?
Hij heeft *zulke* aardige ouders!	He has such nice parents.
Loop jij op *zulke* hoge hakken?!	Do you walk in such high heels?!
***Zulke* dingen eet ik niet.**	I don't eat such things.

Comparison

In combination with **net**, the pronouns **zo'n**, **zulk** and **zulke** can be used to compare two things that are similar. In combination with the negation **niet**, they are used to express that something is different. Examples:

Ik vind dit *net zo'n* goed boek als dat andere van Mulisch.
I think this book is just as good as that other one by Mulisch.

De Belgen maken *net zulk* lekker bier als de Nederlanders.
The Belgians make just as good a beer as the Dutch.

**Groenteboer Kuiper verkoopt *net zulke* goeie sinasappels als groente-
boer Boomsma.**
The oranges that greengrocer Kuiper sells are just as good as Boomsma's.

Ik heb *niet zo'n* dure auto als jij.
My car isn't as expensive as yours.

De buurvrouw heeft *niet zulke* mooie rozen in haar tuin als wij.
The roses in the neighbor's garden are not as beautiful as ours.

Met deze goedkope shampoo krijg je *niet zulk* mooi glanzend haar als met die dure.
With this cheap shampoo your hair doesn't get as shiny as with that expensive stuff.

Note that **net** and **niet** get easily confused; **net** is for things that are similar, **niet** is for things that are different.

Exercise 8.1

Fill in the blanks in the dialogues with **zo'n**, **zulk**, **zulke**.

1a Erik: Jij maakt toch _____ lekkere koffie, Sanne!
1b Sanne: Ja, hè? Wil je er ook _____ stuk boterkoek van Jansma bij?
2a Peter: We hebben _____ vreselijke nieuwe wiskundeleraar!
2b Karin: Ach, voor wiskunde hebben we altijd _____ leraren!!
3a Sanne: Ik heb gisteren _____ mooie zijde op de markt gekocht!
3b Lydia: Leuk! Ga je er _____ zomerjurk met spaghettibandjes mee maken?
4a Erik: Laten we de huiswijn bestellen. Dat is _____ goede wijn.
4b Karel: Nee, ik drink liever _____ Argentijnse Malbec.
5a Karin: Wat zullen we doen? Het is _____ slecht weer.
5b Aysha: Laten we weer _____ appeltaart maken als we vorige week gedaan hebben.

Exercise 8.2

Enter **net** or **niet** in combination with **zo'n**, **zulk** or **zulke**.

1 De appels van Jansen kosten 3 euro per kilo. Die van Peters kosten ook 3 euro per kilo. Peters heeft dus _____ dure appels als Jansen.
2 De woonkamer van Erik en Sanne is 30 vierkante meter. Die van de buren 26 vierkante meter. De buren hebben dus _____ grote woonkamer als Erik en Sanne.
3 Het roomijs van Albert Heijn smaakt waterig. Dat van Jamin smaakt romig. Albert Heijn verkoopt dus _____ lekker roomijs als Jamin.
4 Peter kreeg een 8 voor zijn repetitie wiskunde. Johan kreeg ook een 8. Peter kreeg dus _____ goed cijfer als Johan.
5 Bij Aysha komt het haar tot midden op haar rug. Bij Karin valt het op haar schouders. Karin heeft dus _____ lang haar als Aysha.

Exercise 8.3

Speaking exercise. Choose something from the list below and say, for example: **Ik houd van koude winters.** Then ask your partner: **Houd jij ook van** *zulke* **winters?** Your partner might say: **Ja, ik houd van** *zulke* **winters**, or **Nee, ik houd niet van** *zulke* **winters**. In your questions, use **zo'n**, **zulk** or **zulke**, depending on the gender and number of the noun.

een zacht matras	**Chinees eten**	**wollen dekens**
ijs met aardbeien	**Franse wijn**	**Duits bier**
zoute haring	**warm weer**	**een hete zomer**
hoge hakken	**reggaemuziek**	**klassieke muziek**
een actieve vakantie	**een zoet parfum**	**horrorfilms**
bittere chocolade	**Griekse olijven**	**oude kaas**
kleine honden	**antieke meubels**	**lang blond haar**

UNIT NINE
Negatives

Introduction

In Unit 15 of *Basic Dutch*, basic principles of negation were discussed. There are two common words to negate in Dutch: **niet** and **geen**. The word **geen** is used to negate nouns with indefinite articles or no article, while the word **niet** negates most other parts of the sentence. Unit 15 in *Basic Dutch* also explained the various positions of **niet**. After a brief recap of those principles, this chapter will continue with the position of **niet** in more complicated sentence structures, and it will introduce some other words used to negate: **nooit, niets, niemand, nergens**.

Negation with geen

The word **geen** negates indefinite nouns, that is nouns in the singular with the article **een** or without an article, all plural nouns without an article, and uncountable or abstract nouns such as **suiker, water, tijd** or **geld**.

Erik is *geen* leraar.	Erik is not a teacher.
Erik heeft *geen* broers en zussen.	Erik doesn't have brothers and sisters.
Erik neemt *geen* suiker in de koffie.	Erik doesn't take sugar in his coffee.

Negation with niet

The position for **niet**, the word we use to negate everything else in a sentence, is generally as close to the end of the sentence as possible (example 1). However, **niet** precedes prepositional phrases (example 2), adverbs (example 3), and predicate adjectives (example 4). **Niet** follows definite nouns (example 5), time expressions (example 6) and the words **er, hier, daar** (example 7). Examples:

1 **Erik komt *niet*.**	Erik isn't coming.
2 **Erik is *niet* in de woonkamer.**	Erik is not in the living room.
3 **Erik speelt *niet* goed tennis.**	Erik doesn't play tennis very well.
4 **Het huis van Erik is *niet* groot.**	Erik's house isn't big.
5 **Erik eet het broodje *niet*.**	Erik doesn't eat the sandwich.
6 **Erik komt vanavond *niet*.**	Erik isn't coming tonight.
7 **Erik is er *niet*.**	Erik isn't here.

In contrast situations, the position of **niet** differs from the general rule. In the sentence **Erik komt *niet* op maandag, maar op woensdag**, **niet** precedes the time expression to emphasize the contrast with **op woensdag**. Similarly, in the sentence **Erik is *niet* hier, maar daar**, **niet** precedes the word **hier** to emphasize the contrast with **daar**.

The position of niet in sentences with auxiliary verbs

In sentences with auxiliary verbs, **niet** is usually placed at the end of the sentence right before the infinitive of the main verb. However, all other rules about the position of **niet** as explained above apply. Examples:

Erik kan *niet* komen.	Erik cannot come.
Erik kan vanavond *niet* komen.	Erik cannot come tonight.
Erik kan *niet* naar de vergadering komen.	Erik cannot come to the meeting.
Erik kan *niet* goed tennis spelen.	Erik cannot play tennis very well.

A special case niet hoeven te

The verb **niet hoeven te** is the negation of the auxiliary verb **moeten**. The negative answer to a question with **moeten** is always formed with **niet hoeven te**. The position of **niet** is right before **te**, except when the verb is a separable verb. In that case it precedes the separable prefix. Examples:

Peter:	**Moet ik de afwas doen?**	Do I have to do the dishes?
Sanne:	**Nee, je hoeft de afwas *niet* te doen.**	No, you don't have to do the dishes.
Erik:	**Moet ik de vuilnisbak buitenzetten?**	Do I have to put the trash outside?
Sanne:	**Nee, je hoeft de vuilnisbak *niet* buiten te zetten.**	No, you don't have to put the trash outside.
Peter:	**Moet ik melk drinken?**	Do I have to drink milk?
Sanne:	**Nee, je hoeft *geen* melk te drinken.**	No, you don't have to drink milk.

Note: The negation of the indefinite object **melk** must be **geen**.

65

The position of niet in subordinated sentences

In a subordinated sentence, **niet** must precede the *finite verb or verb group* at the end of the sentence. Examples:

Het is jammer dat Erik *niet* <u>komt</u>.
It is too bad Erik isn't coming.

Het is jammer dat Erik *niet* <u>is gekomen</u>.
It is too bad that Erik didn't come.

Erik belt op omdat hij *niet* <u>kan komen</u>.
Erik phones because he cannot come.

In subordinated sentences with the pronominal adverb **er-**, **hier-** and **daar-** with a preposition, **niet** precedes the *preposition*. Examples:

Erik zegt dat hij er *niet* <u>over</u> wil praten.
Erik says he doesn't want to talk about it.

Sanne zegt dat ze hier *niet* <u>aan</u> gedacht heeft.
Sanne says she didn't think about this.

Note: **hier** + preposition and **daar** + preposition also appear unseparated. In that case **niet** follows the pronominal adverb. Examples:

Sanne zegt dat ze *hierover* niet praat.
Sanne says she doesn't talk about this.

Peter zegt dat hij *daarmee* niet tevreden is.
Peter says he isn't satisfied with that.

Verbs that express an opinion

In a sentence with a verb that expresses an opinion, the position of **niet** can be twofold. It can be in the main sentence, following the *verb of opinion* (**denken**, **vinden**, **geloven**), or it can be placed at the end of the subordinated sentence, before the finite verb or verb group. Examples:

Ik <u>denk</u> *niet* dat Erik vanavond komt.   I don't believe Erik is coming tonight.

Ik <u>denk</u> dat Erik vanavond *niet* komt.   I believe Erik isn't coming tonight.

| Ik <u>hoop</u> *niet* dat het gaat regenen. | I hope it isn't going to rain. |
| Ik <u>hoop</u> dat het *niet* gaat regenen. | I hope it isn't going to rain. |

The examples demonstrate that it works similarly in English, the negation is either with the verb of opinion or with the thought expressed in the second sentence. The meaning is mostly the same.

Other negation forms

iemand	someone	niemand	nobody
iets	something	niets	nothing
ooit	ever	nooit	never
ergens	somewhere	nergens	nowhere

Heb jij iemand buiten gezien?	Did you see someone outside?
Nee, ik heb *niemand* gezien.	No, I didn't see anyone.
Heb je al iets gegeten?	Have you had anything to eat yet?
Nee, ik heb nog *niets* gegeten.	No, I haven't had anything to eat yet.
Ben jij ooit (wel eens) in Parijs geweest?	Have you ever been to Paris?
Nee, ik ben er (nog) *nooit* geweest.	No, I have never been there.
Zie jij mijn zwarte pumps ergens?	Do you see my black pumps anywhere?
Nee, ik zie ze *nergens*.	No, I don't see them anywhere.

Note: The words **niets**, **niemand**, **nooit** and **nergens** often appear with **nog** 'still', 'yet' or **meer** 'anymore', often to contrast with **al** 'already'. Examples:

Ben je al eens in Parijs geweest?	Have you been to Paris yet?
Nee, ik ben er *nog nooit* geweest.	No, I have not been there yet.
Zie je nog iemand van school?	Are you still seeing anyone from school?
Nee, ik zie *niemand meer*.	No, I'm not seeing anyone anymore.

Note that **meer** follows the noun or pronoun that is negated.

Exercise 9.1

Give negative answers to all of the questions, using **niet** or **geen**. Note that the negation of **al** is **nog niet** and of **nog** it is **niet meer** or **geen ... meer**.

1 Sanne: Peter, zijn dit jouw sokken? Nee, _____
2 Erik: Jongens, gaan jullie vanavond mee naar de film? Nee, _____
3 Karin: Mam, is papa vanavond om zes uur al thuis? Nee, _____
4 Sanne: Karin, heb jij morgen een volleybalwedstrijd? Nee, _____
5 Erik: Is er nog soep van gisteren over? Nee, _____
6 Peter: Heb jij dat hoofdstuk geschiedenis voor morgen al gelezen? Nee,

_____

Exercise 9.2

Give a negative answer to each question. Replace the prepositional object with **er**.

> Example: **Heb je aan *de aardappels* gedacht?**
> **Nee, ik heb *er niet aan* gedacht.**

1 Heb je gisteren naar dat programma over ijsberen gekeken? (niet)
   Nee, _____
2 Denk je wel eens aan de toekomst? (nooit) Nee, _____
3 Heb jij iets over die aardbeving in Mexico gelezen? (niets) Nee,

_____

4 Heb je ergens zin in? (nergens) Nee, _____
5 Houd je van draaiorgelmuziek? (niet) Nee, _____

Exercise 9.3

In this exercise, give a negative answer using a verb of opinion. You can put **niet** in either the main sentence or the subordinated sentence. Watch! Sometimes you may have to use **geen**.

1 Komen Erik en Sanne zaterdag naar het feest? Ik geloof _____
2 Gaat Karin dit jaar alleen op vakantie? Ik denk _____
3 Kan Peter die nieuwe scooter kopen? Ik vind _____
4 Gaan Erik en Sanne een groter huis huren? Ik denk _____
5 Kan Karin jou met die wiskundeopgave helpen? Ik geloof _____

Exercise 9.4

Give a negative answer using **niet hoeven te**. Watch the pronouns and separable verbs.

1 Moet ik mijn formulier nu meteen invullen? Nee, u _____
2 Moet ik een paspoort bij me hebben? Nee, je _____
3 Moet ik mijn schooldiploma's laten zien? Nee, u _____
4 Moet ik me hier voor die cursus aanmelden? Nee, je _____
5 Moet ik het cursusgeld nu meteen betalen? Nee, u _____

Exercise 9.5

In this exercise, you are giving negative answers to the questions using indirect speech. You are also replacing the prepositional object with **er**.

Example: **Wil Erik *over dat probleem* praten?**
Nee, hij zei dat hij *er* niet over wil praten.

1 Gaat Karin naar die film op tv kijken? Nee, ze zei _____
2 Kan Erik goed met die computer werken? Nee, hij zei _____
3 Interesseert Peter zich voor die tweedehands scooter in de krant? Nee, hij zei _____
4 Had Sanne zin in een zak patat? Nee, ze zei _____
5 Heeft Johan aan die vechtpartij op school meegedaan? Nee, hij zei _____

Exercise 9.6

Speaking exercise. Look at each sentence pair and discuss with your partner what the difference between the sentences is.

1a Op dat feestje heeft iemand niet gegeten.
1b Op dat feestje heeft niemand gegeten.
2a Erik heeft ooit niet willen trouwen.
2b Erik heeft nooit willen trouwen.
3a Hij wil iets niet vertellen.
3b Hij wil niets vertellen.
4a Karin wil ergens niet naartoe gaan.
4b Karin wil nergens naartoe gaan.
5a De dokter kon iets niet voor de patiënt doen.
5b De dokter kon niets voor de patiënt doen.

UNIT TEN
The adverb **er**

Introduction

In Unit 14 of *Basic Dutch* we discussed three functions of the adverb **er**: as the introduction of an indefinite subject (with the verb **zijn** this is called the existential **er**), as an indicator of place (locative **er**), and, in combination with a cardinal number, as an indicator of quantity (quantitative **er**). Examples:

> *Er* **zit een oude man in het park. Hij zit** *er* **al een uur. Hij kijkt naar de zwanen in de vijver. Hoeveel zwanen zwemmen** *er* **in de vijver? Ik zie** *er* **drie.**
> An old man is sitting in the park. He's been sitting there for an hour. He's looking at the swans in the pond. How many swans are swimming in the pond? I see three of them.

In the first sentence, **een oude man** is an indefinite subject, introduced by **er**. In the second sentence, **er** replaces **in het park**. In the sentence **Hoeveel zwanen zwemmen** *er* **in de vijver?**, **hoeveel zwanen** is an indefinite subject introduced by a question word. In the last sentence, **Ik zie** *er* **drie**, the adverb **er** is used as an indicator of quantity with the cardinal number **drie**. In this chapter, we introduce two more functions of **er**: as a pronominal adverb in combination with a preposition and in passive sentences.

The function of er as a pronominal adverb with a preposition

In combination with a preposition, **er** can refer to an object or a concept mentioned in a previous sentence. See the following four examples:

| aan | Denk je aan de toekomst? | Ja, ik denk *eraan.* |
| | Do you think about the future? | Yes, I think about it. |

met	Wat doe je met een pen?	Ik schrijf *ermee*.
	What do you do with a pen?	I write with it.
op	O, wat is er met je bril gebeurd?	Ik heb *erop* gezeten.
	Oh, what happened to your glasses?	I sat on them.
voor	Wat een mooie trui!	Wat heb je *ervoor* betaald?
	What a beautiful sweater!	What did you pay for it?

In the first example, **eraan** refers to **toekomst**, in the second, **ermee** refers to **pen** (note that **met** changes into **mee**), in the third, **erop** refers to **bril**, and in the last, **ervoor** refers to **trui**. In the four examples above, the pronominal adverbs with **er** are not separated, they are written as one word. However, when the sentence contains other elements such as an expression of time, of negation, or an indirect or direct object, or an adjective with a link verb, **er** has to be separated from the preposition. In the following examples, the separating sentence elements are underlined.

Denk je aan de toekomst? Ja, ik denk *er* <u>altijd</u> *aan*.
Heb je op je bril gezeten? Nee, ik heb *er* <u>niet</u> *op* gezeten.
Wat doe je met die pen? Ik schrijf *er* <u>deze brief</u> *mee*.
Wat een mooie trui! Ja, ik ben *er* <u>heel blij</u> *mee*.

You will notice that the pronominal adverb with **er** appears separated much more frequently than unseparated.

The function of er in a passive sentence

In a passive sentence (see also the unit on the passive voice in this book), **er** begins a sentence without a subject. This occurs in sentences where human activities are described, when the action of that sentence is more important than the subject who is involved in the action, or, as one often reads in crime reports, for instance, when the subject of the action is not (yet) known. Examples:

Er **wordt in Nederland veel gefietst.**
People cycle a lot in the Netherlands.

Er **wordt in deze fabriek kaas gemaakt.**
They make cheese in this factory.

Er **worden buien verwacht.**
Rain showers are expected.

The following story includes more examples of the function of **er**. The passive is underlined:

Er was gisteren een feestje bij de buren. *Er* <u>werd ontzettend harde muziek gespeeld.</u> De muren dreunden *ervan.* <u>*Er* werd heel veel gedronken,</u> dat kon je wel merken. <u>*Er* mocht binnen niet gerookt worden,</u> maar vanmorgen lagen *er* honderden peuken op de stoep.

There was a party at the neighbors' yesterday. They played incredibly loud music. The walls were thumping (from it, because of it). They drank a lot, you could tell. Smoking inside was prohibited, but this morning there were hundreds of butts on the front steps.

Next, an example of a report one might find in a newspaper:

In de nacht van woensdag op donderdag is *er* bij het filiaal van Albert Heijn op de Hogeweg ingebroken. *Er* werd geen geld gestolen, omdat de kassa's op dat tijdstip leeg waren, maar *er* werd voor ongeveer 3.000 euro aan goederen ontvreemd. Ook werd *er* voor minstens 10.000 euro aan schade veroorzaakt. *Er* zijn nog geen sporen gevonden die naar de identiteit van de daders zouden kunnen leiden.

In the night between Wednesday and Thursday, the branch of Albert Heijn on the Hogeweg was broken into. No money was stolen, because the cash registers were empty at that time, but goods to the value of about 3,000 euros were taken. The robbery also caused damage of at least 10,000 euros. No traces have as yet been found that could lead to the identity of the robbers.

The position of er in main and subordinated sentences

In its grammatical function, when used to introduce an indefinite subject or as part of a passive sentence, **er** is usually at the beginning of the sentence, unless the sentence begins with *another element* than the subject. In that case **er** follows the finite verb.

Er ligt een krant op tafel.	There's a newspaper on the table.
Er wordt op school veel gelachen.	There's lots of laughter at school.
<u>Vandaag</u> is *er* een goede film op tv.	Today, there's a good movie on TV.

In a subordinated sentence, when used in its grammatical function, **er** follows the *conjunction*. The previous examples are now used in a subordinated clause:

Erik zegt <u>dat</u> er een krant op tafel ligt.
Peter gaat graag naar school <u>omdat</u> er veel gelachen wordt.
Karin, kijk jij eens even <u>of</u> er vandaag een goede film op tv is.

When used in a main sentence to refer to a place, a number or an object with a preposition, **er** usually follows the finite verb. Examples:

Is Erik in Amsterdam geweest? Hij is *er* vaak geweest.
Has Erik been to Amsterdam? He has been there many times.

Heeft Erik kinderen? Hij heeft *er* twee.
Does Erik have children? He has two.

Houdt Erik van voetbal? Ja, hij houdt *ervan*.
Does Erik like soccer? He does.

If the subject is not at the beginning of the sentence, **er** follows the subject.

Is Erik in Amsterdam geweest? Gisteren is hij *er* geweest.
Heeft Erik kinderen? Sinds 1992 heeft hij *er* twee.
Houdt Erik van voetbal? Ja, natuurlijk houdt hij *ervan*.

In a subordinated sentence, **er** in its referring function follows the subject. The examples from above are now used in a subordinated sentence in indirect speech.

Is Erik in Amsterdam geweest? Erik zegt dat hij *er* gisteren is geweest.
Heeft Erik kinderen? Erik vertelt dat hij *er* twee heeft.
Houdt Erik van voetbal? Ja, ik geloof dat hij *ervan* houdt.

When the finite verb is a reflexive verb (see Unit 21 in *Basic Dutch*), **er** follows the *reflexive pronoun*, in main sentences as well as in subordinated sentences. Examples:

Erik: **Peter en Karin, gaan jullie graag naar opa en oma Beumer?**
Peter and Karin, do you like going to your grandpa and grandma Beumer?

Peter: **Nee, ik verveel <u>me</u> *er* altijd.**
No, I'm always bored there.

Karin: **O ja, ik verheug <u>me</u> *erop*, naar oma en opa te gaan.**
Oh yes, I'm looking forward to going to grandpa and grandma.

Peter: **Ha, ze zegt dat ze <u>zich</u> *erop* verheugt, maar ze vindt er niks aan!**
Ha, she says she's looking forward to it, but she doesn't think anything of it!

Lastly, in a sentence with an *indirect or direct object or an object pronoun*, **er** in its referring function must follow this object, in main sentences as well as subordinated sentences. Examples in context: *In the office.*

Felix: **Hé Erik, heb ik jou gisteren in Amsterdam gezien?**
Hey Erik, did I see you in Amsterdam yesterday?

Erik: **Nee, je kan <u>me</u> er niet gezien hebben, want ik was in Utrecht.**
No, you can't have seen me there, because I was in Utrecht.

Felix: **O, nou, ik dacht echt dat ik <u>je</u> er zag lopen. Je hebt zeker een dubbelganger.**
Oh, well, I really thought I saw you walking there. You must have a double.

Erik: **Ja, zal wel. Zeg, hoeveel kopieën van dit rapport moet Van Buren hebben?**
Yes, whatever. Say, how many copies of this report does Van Buren need?

Felix: **Je moet <u>hem</u> er vier geven.**
You need to give him four.

Erik: **Okee. Herinner jij Janine aan die afspraak voor vanmiddag?**
Okay. Will you remind Janine of that meeting this afternoon?

Felix: **Jo, ik zal haar *eraan* herinneren.**
Yep, I will remind her.

Note: **Er** often introduces a subordinated sentence, especially in combinations with verbs such as **denken aan**, **rekenen op**, **dromen van**, or in indirect speech and in passive constructions such as **er wordt gezegd**, **er staat in de krant**, etc. Examples:

Sanne: **Denk je *eraan*, dat je morgen naar de tandarts moet?**
Are you aware that you have to go to the dentist tomorrow?

Erik: **Ja, maar ik reken *er* niet *op* dat hij moet boren.**
Yes, but I don't reckon he's going to have to drill.

Erik: **Zeg, *er staat in de krant* dat Van der Werff gaat sluiten.**
Hey, it says in the paper that Van der Werff is going to close.

Sanne: **Ach, onzin. *Er werd gisteren gezegd* dat ze nieuw personeel nodig hebben.**
Rubbish. Yesterday they said they need new staff.

Lastly, while **er** can have many functions in a sentence, it never shows up more than twice in one sentence. So to answer the question **Hoeveel appels zitten er in de taart?**, you say: **Er zitten er vier in.** And that is more than enough.

Exercise 10.1

Review exercise. In the text, determine which function **er** has, and put either 'P' (place) or 'N' (number) between the brackets.

(1) Erik en Sanne zijn een week naar Parijs geweest. Ze waren *er* (__) al drie keer geweest, (2) maar deze keer hebben ze *er* (__) een flatje gehuurd in plaats van in een hotel geslapen. De flat had een keuken, twee slaapkamers en een ruime badkamer, en Sanne hoopte op een mooi balkon, (3) maar de flat had *er* (__) geen. Dat vond ze jammer, maar beneden was een leuk café met een terras. (4) Ze gingen *er* (__) elke dag ontbijten. (5) De croissants waren zo lekker dat ze *er* (__) twintig mee terug naar Nederland namen.

Exercise 10.2

Now, answer the questions and use **er** in its proper function, referring to a place or a number.

Situation: Asking Erik and Sanne about their trip.

1 Hoe lang zijn jullie in Parijs geweest? (een week) Erik: _____
2 Hoeveel museums hebben jullie gezien? (vier) Sanne: _____
3 Hoeveel kamers had jullie flat? (drie) Erik: De flat _____
4 Zijn jullie ook in het Louvre geweest? (ja, twee keer!) Sanne: Ja, _____
5 Kun je in Parijs lekker eten? (ja, heerlijk!) Erik: Ja, _____

Exercise 10.3

Give a negative answer to each question using **nee**, **niet/nooit**, and replace the prepositional object with the pronominal adverb 'er + preposition'.

1 Denk je aan de toekomst? Nee, _____
2 Praat je over politiek? Nee, _____
3 Werk je met Excel? Nee, _____
4 Droom je van een nieuw huis? Nee, _____
5 Reken je op een promotie? Nee, _____

Exercise 10.4

In this exercise, you answer the questions using **er** twice. On line b, please re-write the sentence in indirect speech, using **er** only once.

1 Hoeveel olifanten kunnen er in een volkswagen? (vier) _____
   b Ik geloof dat _____
2 Hoeveel mensen staan er op deze foto? (vijfentwintig) _____
   b Ik zie dat _____

3 Hoeveel euro's zitten er in je portemonnee? (nog drie) _____
   b Ik denk dat _____
4 Hoeveel koekjes liggen er op de schaal? (nog maar één!) _____
   b Ik kan niet geloven dat _____

Exercise 10.5

Answer the questions using **er** in a passive sentence.

1 Wat wordt er in een disco gedaan? (dansen) _____
2 En in een bibliotheek? (boeken lenen) _____
3 En op de universiteit? (colleges volgen) _____
4 En in een museum? (schilderijen bekijken) _____
5 En bij de bakker? (brood verkopen) _____
6 En op de Noordzee? (vis vangen) _____
7 En op Oudejaarsavond? (oliebollen eten) _____
8 En op 5 december? (pakjes uitpakken) _____

Exercise 10.6

Practice the use of **er** in subordinated passive sentences in the past tenses.

Situation: Peter and Karin had a party in their parents' house. After the party, they write a note to Erik and Sanne to apologize for the damage done.

Example: **een lamp – breken** (imperfect)
          Het spijt ons dat *er* een lamp gebroken werd.

1 twee glazen – breken (imperfect)
   Sorry dat _____
2 te veel – drinken (present perfect)
   Het spijt ons dat _____
3 in jullie slaapkamer – roken (imperfect)
   We hebben niet gemerkt dat _____
4 op de tafel – dansen (imperfect)
   We wilden niet dat _____
5 niets – stelen (present prefect)
   We zijn blij dat _____

UNIT ELEVEN
Pronominal adverbs

Introduction

Pronominal adverbs are used to refer to things when the verb or the object in the sentence take a preposition. The question "Do you ever *think about* the future?" could be answered: "Yes, I think *about it* a lot", or "No, <u>that</u> I never think *about*". When we use a preposition in English with unemphasized 'it' or emphasized 'this' or 'that', in Dutch we use a pronominal adverb beginning with **er**, **daar** or **hier**.

Some examples

Denk je aan je medicijnen?	**Ja, ik zal *eraan* denken.**
Remember your medication.	Yes, I'll remember it.
Heb je over dat ongeluk gelezen?	**Ja, ik heb *erover* gelezen.**
Did you read about that accident?	Yes, I read about it.
Wilt u een stuk van deze kaas?	**Ja, ik wil *hier* wel een stuk *van*.**
Would you like a piece of this cheese?	Yes, I'd like a piece of this.
Kijk je wel eens naar "Jeopardy"?	**Nee zeg, *daar* kijk ik niet *naar*.**
Do you ever watch Jeopardy?	Geez no, that I never watch.

Pronominal adverbs in questions

When used in questions, the combination **wat** + preposition is changed into **waar** + preposition. Examples:

Waarover **praten jullie?**	What are you talking about?
We praten over politiek.	We are talking about politics.
Waartegen **protesteren die mensen?**	What are those people protesting against?
Ze protesteren tegen kernenergie.	They are protesting against nuclear power.

Note: When used in longer sentences, we commonly find the pronominal adverbs separated, especially in speech. Separating elements can be adverbial expressions of time, of place, negation, also direct or indirect objects, and so on. Examples:

Waar **praten jullie** *over*? **We praten over politiek.**
Waar **protesteren die mensen** *tegen*? **Ze protesteren tegen kernenergie.**
Heb je over dat ongeluk gelezen? Ja, ik heb *er* **in de krant** *over* **gelezen.**
Denk je aan je medicijnen? Nee, *daar* **denk ik liever niet** *aan*.

There are some cases in which separation of the pronominal adverb is mandatory:

- In a fixed combination of adjective, linking verb, and preposition: **bang zijn voor** 'to be afraid of', **dol zijn op** 'to be crazy about', **tevreden zijn met** 'to be satisfied with'.

    Ben je bang voor honden? Ja, ik ben *er* **bang** *voor*.
    Are you afraid of dogs? Yes, I'm afraid of them.

    Is Jan tevreden met zijn baan? Ja, hij is *er* **heel tevreden** *mee*.
    Is Jan satisfied with his job? Yes, he is very satisfied with it.

- When the middle part of the sentence contains an *adverbial phrase*, the pronominal adverb *must* be separated. Unemphasized **er** follows the conjugated verb or the subject when this follows the verb (examples 1 and 2), and the preposition goes to the end of the sentence. If the sentence contains another verb form or verb group at the end, it will be preceded by the preposition (examples 3 and 4). In a subordinated sentence, **er** follows directly behind the subject, and the preposition is placed right before the verb forms at the end of the sentence (examples 5 and 6).

    1 **Praat Erik over politiek? Nee, hij praat** *er* <u>**bijna nooit**</u> *over*.
    Does Erik talk about politics? No, he almost never talks about it.
    2 **Praat Erik over politiek? Nee, volgens mij praat hij** *er* <u>**bijna nooit**</u> *over*.
    Does Erik talk about politics? No, I think he almost never talks about it.
    3 **Heb je veel aan je nieuwe huis gedacht? Ja, ik heb** *er* <u>**gisteren de hele dag**</u> *aan* **gedacht.**
    Did you think about your new house a lot? Yes, I thought about it the entire day yesterday.
    4 **Denk je aan je medicijnen? Nee, ik wil** *er* <u>**liever niet**</u> *aan* **denken.**
    Are you thinking about your medication? No, I'd rather not think about it.

5 **Praat Erik vaak over politiek? Nee, hij zegt dat hij *er* <u>bijna nooit</u> *over* praat.**
Does Erik talk about politics a lot? No, he says he almost never talks about it.

6 **Dacht je deze week veel aan je belastingformulieren? Ja, ik was boos omdat ik *er* <u>gisteren de hele dag</u> *aan* moest denken.**
Did you think about your tax forms a lot this week? Yes, I was angry because yesterday I had to think about them the entire day.

Pro-nominal adverbs with **hier** and **daar**

Pronominal adverbs with hier and daar

The pronominal adverbs beginning with **hier-** or **daar-** differ from those with **er-** because they can appear unseparated or separated at the beginning of the sentence, whereas a pronominal adverb with **er-** cannot. Whether to use **hier-** or **daar-** depends on the speaker's distance, in time or in place, from the object of the sentence. Examples:

Denk je nog wel eens aan die vreselijke vakantie op Terschelling? Nee, *daaraan* wil ik nooit meer denken.
Do you ever think about that terrible vacation on Terschelling? No, I never want to think about that again.
Alternative: **Nee, *daar* wil ik nooit meer *aan* denken.**
Or: **Nee, ik wil *daar* nooit meer *aan* denken.**

Heb je geen betere schaar voor me? *Hiermee* kan ik niks beginnen.
Don't you have a better pair of scissors for me? I can't do anything with this.
Alternative: ***Hier* kan ik niks *mee* beginnen.**
Or: **Ik kan *hier* niks *mee* beginnen.**

In the first sentence, the object of the conversation, the trip to Terschelling, lies further away in the speaker's past. That is why the pronominal adverb with **daar-** is used. In the second sentence, the speaker has the scissors in his/her hands, is close to the object, and thus he/she uses the pronominal adverb with **hier-**. Grammatically, all three varieties in word order in both sentences are equally correct. It is a matter of preference what the speaker wishes to emphasize. The most important thing to remember is that pronominal adverbs with **hier-** and **daar-** can be at the beginning of the sentence, while **er-** cannot.

***Daarvan* heb ik nog nooit gehoord.**
Or: ***Daar* heb ik nog nooit *van* gehoord.**

79

However: **Ik heb *er* nog nooit *van* gehoord.**
I've never heard of it.

Overview

Preposition	Pronoun, question word	Pronominal adverb
van	dit/deze	*hiervan* of this
van	die/dat	*daarvan* of that
van	het	*ervan* of it
van	wat?	*waarvan?* of what?

The pronominal adverb as relative pronoun

When a relative sentence refers to an object with a preposition, the pronominal adverb **waar** + preposition is used. Examples (with separated alternatives):

Het boek *waarover* we praten (*waar* we *over* praten) is heel interessant.
The book about which we talk is very interesting.

Dit is een instrument *waarmee* je hele leuke dingen kunt doen (*waar* je hele leuke dingen *mee* kunt doen).
This is an instrument with which you can do very fun things.

Hij heeft een auto *waarvoor* hij bijna niks heeft betaald (*waar* hij bijna niks *voor* heeft betaald).
He owns a car for which he paid almost nothing.

Kleren? Dat is nou zoiets *waaraan* ik liever geen cent uitgeef (*waar* ik liever geen cent *aan* uitgeef).
Clothes? That really is something on which I'd rather not spend a penny.

Note: When the relative pronoun is separated, the preposition is moved to right before the conjugated verb: **... *waar* je hele leuke dingen *mee* kunt doen.**

Pronominal adverbs expressing motion

When the verb in the sentence expresses motion from one place to another, we add **heen** or **naartoe** or **vandaan** to the adverbs **waar**, **daar** and **hier**. Examples:

Waar ga je *naartoe*? *Waar* ga je *heen*?
Where are you going?

Waar komt u *vandaan*?
Where are you from?

India? *Daar* ben ik nog nooit *naartoe* geweest.
India? I have never traveled there.

We gingen eerst naar Italië en *daarvandaan* verder naar Griekenland.
We went to Italy first and from there on to Greece.

Hiervandaan kun je direkt naar Amsterdam vliegen.
From here, you can fly non stop to Amsterdam.

Heb je iets van de markt nodig? Ik ga *er* straks *heen*.
Do you need anything from the market? I'm going there later.
Alternative: **Ik ga *er* straks *naartoe*.**

In januari op vakantie naar Moskou? Nee hoor, *daar* wil ik niet *naartoe*.
On vacation to Moscow in January? No, I don't want to go there.
Alternative: *Daar* wil ik niet *heen*.

Waar treffen we elkaar morgen? Kom je *hierheen* of zal ik *daarheen* komen?
Where do we meet tomorrow? Will you come here or shall I come there?

A final note

Remember that the preposition **met** changes into **mee** in a pronominal adverb, and **tot** changes into **toe**. A few prepositions such as **zonder**, **tijdens**, **sinds**, **behalve**, **volgens** and **wegens** cannot be used to form a pronominal adverb.

Exercise 11.1

What is the question? Nosy grandma wants to know everything.

1 Erik en Peter: We praten over dit artikel in de krant.
2 Sanne: Ik denk aan wat mijn baas vanmorgen tegen me zei.
3 Karin: Ik ga even naar de Hema.
4 Sanne: Ik maak het beslag voor die cake met een mixer.
5 Peter: Ik gebruik papa's computer voor mijn huiswerk, oma!

Exercise 11.2

Answer the questions beginning with **Nee, . . .** , using **er-** for the pronominal adverb. Remember that **er** follows a reflexive pronoun.

Example: **Interesseer je je voor homeopathie?**
Jeroen: *Nee, ik interesseer me er niet voor.*

1 Praat je veel over je problemen? Jos: _____
2 Maak je je zorgen over je gezondheid? Patrick: _____
3 Denk je veel aan je toekomst? Tanja: _____
4 Houd je van televisieprogramma's over politiek? Lucie: _____
5 Heb je een hekel aan sport op televisie? Erik: _____

Exercise 11.3

Now put the sentences from Exercise 2 into indirect speech.

Example: **Jeroen zegt dat hij zich er niet voor interesseert.**

Exercise 11.4

Now take the questions from Exercise 2 and give a negative answer using a relative pronoun with **waar-**.

Example: **Interesseer je je voor homeopathie?**
Jeroen: *Dat is iets waar ik me niet voor interesseer.*

Exercise 11.5

Write Linda's responses using the pronominal adverb with **daar-**, beginning your sentences with **daar**.

Situation: Linda agrees with Sanne on everything.

Example: **Sanne: Ik ben bang voor honden.**
Linda: *Ja, daar ben ik ook bang voor.*

    Sanne: Ik heb vandaag geen zin in koken.
1 Linda: Nee, daar _____
    Sanne: Ik denk veel aan de toekomst van de kinderen.
2 Linda: Ja, _____
    Sanne: Ik praat niet graag over mijn problemen.
3 Linda: Nee, _____
    Sanne: Ik ben gek op chocola.

4 Linda: Ja, _____
  Sanne: Ik ben het niet met het standpunt van de PvdA eens.
5 Linda: Nee, _____

Exercise 11.6

Now complete Sanne's questions using the pronominal adverb with **er-**.

> Example: **Linda: Nico praat nooit over zijn werk.**
> **Sanne: *Waarom praat hij er nooit over?***

1 Linda: Ik maak me zorgen over Nico's gezondheid.
  Sanne: Echt? Waarom _____?
2 Linda: De kinderen vertellen me nooit iets over school.
  Sanne: Ach, waarom _____?
3 Linda: Ik heb zo'n hekel aan mijn nieuwe baan!
  Sanne: Echt waar? Waarom _____?
4 Linda: De overbuurman is verslaafd aan drugs.
  Sanne: O nee! Hoe lang _____?
5 Linda: Ik heb geen zin in de vakantie.
  Sanne: Meen je dat? Waarom _____?

UNIT TWELVE
Verbs of action and result

Introduction

This unit introduces some verbs that are used to express movement to a location, as in English "I put the wallet in my bag", and the result of that movement, as in English "The wallet is in my bag". To distinguish between the two groups of verbs as listed below, it is helpful to remember that the action verbs are transitive, they need a direct object, while the result verbs are intransitive. Overview:

Action (transitive)		Result (intransitive)	
zetten	set, put, place	**staan**	stand
stoppen/steken	put, stick, stuff	**zitten**	sit
leggen	lay	**liggen**	lie
hangen	hang	**hangen**	hang

Zetten **and** staan

The verb **zetten** is used when you put an object somewhere which then stands in an upright position. When it is in that position, you use the verb **staan**. Examples:

Ik *zet* **het boek in de kast.**	I put (place) the book in the bookcase.
Sanne *zet* **bloemen in een vaas.**	Sanne puts flowers in a vase.
We *zetten* **de vaas op tafel.**	We put the vase on the table.
Ze hebben hier een nieuw huis *neergezet.*	They put a new house here.
Het boek *staat* **in de kast.**	The book is in the bookcase.
De bloemen *staan* **in de vaas.**	The flowers are in the vase.
De vaas *staat* **op tafel.**	The vase is on the table.
Ons huis *staat* **op een hoek.**	Our house is (sits) on a corner.

Often, you will see the verb **zetten** in combination with the separable prefix **neer**, which means 'down'. A few more examples in context:

Waar heb je m'n tas *neergezet*?	Where did you put my briefcase?
***Zet* mijn koffie hier maar *neer*.**	Please put my coffee down here.

Stoppen **and** zitten

The verb **stoppen** is used when one puts an object into a small confined space, like a pocket, a bag, the washing machine, or jail, for that matter, a space that may not actually be small, but feels small. And when that object is in that space, we use the verb **zitten**.

Ik *stop* 10 euro in mijn portemonnee.
I put a 10 euro bill in my wallet.

Sanne *stopt* de was in de wasmachine.
Sanne puts the laundry in the machine.

Erik *stopt* een zakdoek in z'n zak.
Erik puts a handkerchief in his pocket.

Ze hebben die man in een inrichting *gestopt*.
They've put that man in an institution.

Er *zit* een briefje van tien in m'n portemonnee.
There's a 10 euro bill in my wallet.

De was *zit* nog in de machine.
The laundry is still in the machine.

Een zakdoek *zit* meestal in je zak.
A handkerchief is usually in your pocket.

Die man *zit* al jaren in die inrichting.
That man has been in that institution for years.

A frequently used alternative for **stoppen** is **steken**, although they are not entirely interchangeable. Some examples:

Hij *steekt* z'n handen in z'n zak.	He puts his hands in his pockets.
Ik *steek* de brief in de brievenbus.	I put the letter in the mail box.
Ze *steekt* de spelden in de stof.	She sticks the pins in the material.

Leggen **and** liggen

The verb **leggen** is used when one places an object in a horizontal, reclining position. And when the object is in that position, we use **liggen**. Examples:

Ik *leg* **de lakens op het bed.**	I put the sheets on the bed.
Jullie moeten nu je pen *neerleggen.*	You have to put your pens down now.
Ze gaan hier een nieuwe weg *leggen.*	They're going to lay a road here.
Er *liggen* **schone lakens op het bed.**	There are clean sheets on the bed.
Liggen **de pennen allemaal op tafel?**	Are all of the pens lying on the table?
Hoe lang *ligt* **die nieuwe weg er nu al?**	How long has that new road been there now?

As with **zetten**, you will often see the verb **leggen** in combination with the separable prefix **neer**, 'down'. Example:

Erik: **Waar heb je die rapporten** *neergelegd?*
Where did you put those reports?
Leraar: *Leggen* **jullie je pennen nu maar** *neer.*
Please put down your pens now.

Hangen **and** hangen

The verb **hangen** is used for both action and result. Examples:

Ik *hang* **deze foto boven m'n buro.**	I'll hang this picture above my desk.
Die foto *hangt* **boven m'n buro.**	The photo hangs above my desk.

You will often see the verb **hangen** with the separable prefix **op**. Examples:

Zullen we het schilderij hier *ophangen?*	Shall we hang the painting here?
Die man heeft zich *opgehangen.*	That man hanged himself.

How to use these verbs for people rather than objects

In English, we distinguish between sitting down and sitting, standing up and standing, laying down and lying. We may even use the verb 'to hang' for 'hanging around'. In Dutch, it works in a similar way. To change the verbs **zitten**, **liggen** and **staan** into action verbs, we add the verb **gaan**. Examples:

Erik *gaat* **even op de bank** *liggen.*
Erik is laying down on the sofa for a minute.

Komt u binnen. *Gaat* **u hier maar** *zitten.*
Come in, please. Sit down over here, please.

Het publiek *ging staan* **om te applaudiseren.**
The audience rose to applaud.

The verb **staan** as an action verb will also appear with the separable prefix **op**.

Hoe laat *sta* **je morgen** *op*? What time will you get up tomorrow?
Wilt u voor het slotlied *opstaan*? Would you stand for the closing hymn?

The verb **hangen** is used as a transitive verb with a human direct object only in a very limited context, as in **ophangen** 'to hang someone', or **zich ophangen** 'to hang oneself'. As an intransitive verb, you might find it in some expressions in a non-literal sense:

Als ik dat examen niet haal, dan *hang* **ik!**
If I don't pass that exam, I'll die!

Also, you will find it in the context of 'hanging around, loitering, sitting in a lazy position', sometimes with the separable prefix **rond**.

Hij *hangt* **altijd in kroegen** *rond.* He's always hanging around in bars.
Zij *hangt* **de hele avond voor de** She's watching TV all evening.
televisie.
Hang **niet zo in je stoel!** Don't hang in your chair like that.

Exercise 12.1

In each sentence, use the correct verb. Select from:

leggen liggen zetten staan stoppen zitten hangen

Situation: Erik and Sanne bought a rug and they are rearranging the living room.

1 Erik: Vind jij dat die bank hier goed _____ ?
2 Sanne: Nee, laten we hem dichter bij het raam _____ .
3 Erik: Dat is beter. Kom, we _____ het vloerkleed onder de koffietafel.
4 Sanne: Ja, mooi. En deze stoelen _____ we tegenover de bank.
5 Erik: We moeten dat schilderij nu een paar centimeter naar rechts _____ .
6 Sanne: Ja, anders _____ het niet precies midden boven de bank.
7 Erik: Die lamp _____ daar goed, hè, in die hoek.
8 Sanne: Ja, prima. Geef me dat kussen even aan, dat _____ ik op de bank.
9 Erik: Die ouwe kranten die daar _____ gooi ik bij het oud papier.
10 Sanne: Pfff, laten we even gaan _____ met een bak koffie.

Exercise 12.2

In each sentence, use the correct verb. Select from:

leggen, liggen, zetten, staan, stoppen (steken), zitten, hangen

Situation: In a café.

Erik en Sanne _____ (1) in een café. De ober _____ (2) de menukaart op tafel. Sanne _____ (3) haar jas over de rug van haar stoel. Erik _____ (4) zijn jack op de stoel naast hem. Ze bestellen koffie. De ober _____ (5) de kopjes op tafel. Sanne wil ook taart eten. De taarten _____ (6) in de glazen vitrine, zij zoekt zelf een stuk uit. Erik wil betalen. Maar zijn portemonnee _____ (7) niet in zijn zak. Sanne betaalt. Daarna _____ (8) ze haar creditcard terug in haar portemonnee.

Exercise 12.3

Which of the three verbs is the correct one?

Situation: Erik and Sanne clean the house.

1 Sanne stopt/zet/legt de oude kranten in een zak.
2 Erik legt/zet/stopt de vuilnisbak aan de straat.

3 Sanne legt/stopt/zet de was in de wasmachine.
4 Erik legt/zet/stopt de lege flessen in de bijkeuken.
5 Sanne zet/stopt/legt schone lakens op de bedden.
6 Erik zet/hangt/legt de was aan de lijn.
7 Sanne legt/zet/stopt de kussens in schone slopen.
8 Erik stopt/legt/zet de schone borden en kopjes in de kast.
9 Sanne legt/stopt/zet een nieuwe zak in de stofzuiger.
10 Ze legt/zet/stopt de stofzuiger terug in de bezemkast.

Exercise 12.4

In each sentence, use the correct verb *in the correct verb tense*. Select from:

leggen liggen zetten staan stoppen zitten hangen

Situation: Karin is looking for her keys.

1 Karin: Mam, heb jij mijn sleutels gezien? Ze _____ niet op tafel.
2 Sanne: Heb je ze in je jaszak _____?
3 Karin: Nee, daar _____ ze ook niet in.
4 Sanne: _____ ze dan ergens in je kamer?
5 Karin: Nee, want daar heb ik ze niet neer_____.
6 Sanne: Heb je ze aan het sleutelrekje op_____ ?
7 Karin: Nee. Wacht, misschien _____ ze in mijn schooltas.
8   Maar waar _____ die schooltas nu weer?

Exercise 12.5

Speaking exercise. Describe your living room to your partner. Your partner may draw the room according to your description.

Example: **Mijn bank *staat* links tegen de muur.
Boven de bank *hangt* een poster.**

Exercise 12.6

Speaking exercise. You and your partner are going to be roommates. You are going to arrange and decorate your shared living space. Discuss where you wish to put furniture. You may want to draw an outline of the room while you are talking.

Example: **Laten we de bank hier *neerzetten*.
En hier *leggen* we het kleed, bij de bank.**

UNIT THIRTEEN
Durative constructions

Introduction

A durative construction is used to indicate that an action is going on at the present moment and might be going on for a while longer. Durative constructions are a close equivalent to the English '-ing' form as in 'he is working', 'she is writing a letter', etc.

Durative constructions with zitten, staan, lopen, liggen, hangen

Erik: Waar is Peter?	**Sanne: Die *zit* z'n huiswerk *te maken.***
Erik: Where is Peter?	Sanne: He is doing his homework.
Erik: En wat doet Karin?	**Sanne: Ze *staat* een cake *te bakken.***
Erik: And what's Karin doing?	Sanne: She is baking a cake.
Erik: Waar is mijn rode sportbroek?	**Sanne: Die *hangt* aan de lijn te *drogen.***
Erik: Where are my red sports pants?	Sanne: They are drying on the line.

In these examples, the verbs **zitten**, **staan** and **hangen** indicate that Peter, for instance, is actually sitting down while doing his homework, that Karin is standing in the kitchen baking the cake, and the pants are in a hanging position while drying.

The grammatical construction consists of one of the five verbs (**zitten**, **staan**, **lopen**, **liggen**, **hangen**) combined with **te** and the infinitive of the action described. Examples:

Erik *zit* een boek *te lezen.*	Erik is reading a book.
Sanne *loopt* de hele dag *te zingen.*	Sanne is singing all day.
Peter *ligt* in een strandstoel *te slapen.*	Peter is sleeping in a beach chair.

Durative construc-
tions with
**zitten,
staan,
lopen,
liggen,
hangen**

Peter **zit** een essay **te schrijven**.

Karin *staat* **met Linda** *te telefoneren.*	Karin is talking on the phone with Linda.
De dekens *hangen te luchten.*	The blankets are airing out.

In some cases, and mostly in speech, the verbs **zitten** or **liggen** are used to express that something is going on, while the person doesn't actually have to be in the described position. The speaker is only expressing irritation with the other person's action.

Hij zit over het weer te klagen.	He's complaining about the weather.
Lig niet zo te zeuren.	Stop nagging.

A *separable verb* in this durative construction must be separated by **te**. Examples:

Hij zit een formulier <u>in</u> <u>*te*</u> <u>vullen</u>.	He is filling out a form.
De docent staat een woord <u>op</u> <u>*te*</u> <u>schrijven</u>.	The teacher is writing down a word.
Ik zit me <u>af</u> <u>*te*</u> <u>vragen</u> wie dat is.	I'm wondering who that is.
Ze staan met de band <u>mee</u> <u>*te*</u> <u>zingen</u>.	They're singing along with the band.

The present perfect of this durative construction is formed with the auxiliary verb **hebben** and two infinitives at the end, the infinitive of the action or activity described coming last, and **te** is optional. Examples:

Sanne heeft zitten (te) lezen.   Sanne was reading.
Karin heeft staan (te) telefoneren.   Karin was talking on the phone.
Erik heeft naar een film liggen   Erik was watching a movie.
(te) kijken.

Separable verbs in this durative construction in the present perfect can be separated by **zitten**, **staan**, **lopen** and **liggen** or not. Preferably, **te** is dropped. Examples:

Hij **heeft het formulier in zitten (te) vullen.**   He completed the form.
Alternative: **Hij heeft het formulier zitten invullen.**

Durative constructions with zijn – aan het + infinitive

Another durative construction which is a very close equivalent to English '-ing' is a combination of a form of the verb **zijn** 'to be' with **aan het** and the infinitive of the action described. Examples in context:

Erik: **Wat *ben* je *aan het doen*?**   Sanne: **Ik *ben aan het afwassen*.**
Erik: What are you doing?   Sanne: I'm doing the dishes.
Erik: **Is Peter thuis?**   Sanne: **Nee, die *is aan het voetballen*.**
Erik: Is Peter at home?   Sanne: No, he's playing soccer.
Erik: **Karin, waar ben je?**   Sanne: **Ze *is aan het telefoneren*.**
Erik: Karin, where are you?   Sanne: She's on the phone.

A separable verb in this durative construction should not be separated, although in spoken Dutch you may occasionally hear it separated, especially if the separable prefix is an adjective or a noun, such as **schoonmaken**, **stofzuigen**, **grasmaaien**. Example:

Ik **ben het huis *schoon* aan het *maken*.**   I am cleaning the house.
Alternative: **Ik ben het huis aan het *schoonmaken*.**

To use this construction in the past tense, it is easiest and most preferable to use the simple past tense:

Sanne *was* aan het afwassen.
Peter *was* aan het voetballen.

The present perfect is much less common:

Sanne *is* aan het afwassen *geweest*.

Durative constructions with bezig zijn te or bezig zijn met

A third durative construction consists of the word **bezig** combined with the verb **zijn** and **te**. As in the first example, separable verbs must be separated by **te** in this construction. For many cases, an alternative form is **bezig zijn** combined with the preposition **met** and a nominalized verb or a noun. Examples for both:

> **Sanne** *is bezig af te wassen.*
> Sanne is doing the dishes.
> Alternatives: **Sanne** *is bezig met afwassen.* **Sanne** *is bezig met de afwas.*

> **Erik** *is bezig* **de kaart** *te lezen.*
> Erik is reading the map.
> Alternatives: **Erik** *is bezig met kaartlezen.* **Erik** *is bezig met de kaart.*

Note: The word **bezig** in Dutch is not an exact equivalent for English 'busy' even though the two words sound so similar. English 'busy' should be translated as follows:

'I'm busy' **Ik heb het druk** (alternatively **Ik ben druk met ...**), 'a busy street' **een drukke straat**, 'the shop is busy' **het is druk in de winkel**. However, the expression **Ik ben (even) bezig** is often used to say that one cannot be interrupted because one is busy doing something at the moment.

To use this durative construction in the past, you can use the simple past (example 1) as well as the present perfect (example 2), for the verbal (examples 1, 2) as well as the nominal (examples 3, 4) version. Examples:

1 **Erik** *was* **de hele dag bezig de zolder op te ruimen.**
   Erik spent the whole day cleaning up the attic.
2 **Erik** *is* **de hele dag bezig** *geweest* **de zolder op te ruimen.**
3 **Erik** *was* **de hele dag op zolder met opruimen bezig.**
4 **Erik** *is* **de hele dag op zolder met opruimen bezig** *geweest.*

Word order in durative constructions

In each of the durative constructions, the infinitive of the verb expressing the action or activity will always be at the end. Other additions to the sentences will follow the rules as described in Unit 23 of *Basic Dutch*. Examples:

Ik ben *nu in de kamer een boek* **aan het lezen.**
I am now reading a book in the living room.

Ik zit *nu in de kamer een boek* **te lezen.**

There is a little more flexibility in the construction with **bezig zijn te**. Examples:

Ik ben *nu* **bezig** *boven de badkamer* **schoon te maken.**
I am now busy cleaning the bathroom upstairs.

Ik ben *nu boven* **bezig** *de badkamer* **schoon te maken.**

Exercise 13.1

What are these persons doing? Use sentences with **zitten**, **liggen**, **staan** + **te**.

1 _____

2 _____

3 _____

4 _____

Exercise 13.2

Rewrite the sentence using a durative construction with **zitten**, **liggen**, **lopen**, **staan** + **te**.

1 Erik zit op de bank en hij leest een krant.
2 Peter en Leo staan op het schoolplein en ze roken een sigaret.
3 Karin ligt op haar bed en ze schrijft in haar dagboek.
4 Sanne loopt op straat en ze zoekt een brievenbus.
5 De koekjes liggen op een schaal en ze koelen af.

Exercise 13.3

Use the durative construction with **zijn** – **aan het** – infinitive.

Situation: On a warm day, Mr X is sitting at the window telling his wife what the neighbors are doing.

1 Meneer de Boer (z'n garage opruimen) _____
2 Die mevrouw van nummer 32 (haar ramen lappen) _____
3 De overbuurman (de auto wassen) _____
4 De kinderen van hiernaast (in het park spelen) _____
5 Die dochter van Erikssen (zonnebaden) _____

Exercise 13.4

Sanne needs some help in the house. Peter needs help with English. But everyone is doing other things. Write the answers using the durative form with **bezig zijn te**.

Sanne: **Wie wil me even met boodschappen opruimen helpen?**

1 Erik: een belastingformulier invullen
2 Peter: mijn huiswerk maken
3 Karin: m'n haar wassen

Peter: **Wie kan me even met Engels helpen?**

4 Sanne: de boodschappen opruimen
5 Erik: een belangrijke email beantwoorden

UNIT FOURTEEN
The present participle

Introduction

The present participle is a form we can use to express what a person is or was doing or what is happening to an object. Compare it to English 'a sleeping dog', 'a smiling child'. In Dutch it can appear in the form of an adjective or independently as an adverb. The basic form of the present participle is the *verb infinitive* + *d*: **slapend** 'sleeping', **lachend** 'smiling'. Note the difference between the two sentences:

1 **Er lag een *slapend* kind in bed.** There was a sleeping child lying in bed.
2 ***Slapend* lag het kind in bed.** The child lay in bed sleeping.

Sentence 1 is an example of a present participle as an adjective. In sentence 2 we find a present participle used as an adverb.

The present participle as an adjective

When the present participle is used as an adjective, all rules for adjectives as described in Unit 11 of *Basic Dutch* apply; it will have the ending **-e** in most cases. It can take additional sentence elements such as objects or prepositional phrases. Examples:

Karin hoort haar *snurkende* broer.
Karin can hear her brother snoring.

Karin hoort haar *luid snurkende* broer.
Karin can hear her brother snoring loudly.

Karin hoort haar *luid in zijn slaap snurkende* broer.
Karin can hear her brother snoring loudly in his sleep.

Ik zag *etende* mensen op straat.
I saw people on the street eating.

De **snurkende** broer.

Ik zag *patat etende* mensen op straat.
I saw people on the street eating fries.

Ik zag een *keurig met mes en vork etend* kind in het restaurant.
I saw a child in the restaurant eating very properly with knife and fork.

***Blaffende* honden bijten niet.**
Barking dogs don't bite.

Note: Only in combination with a **het**-word and an indefinite article or without an article, does the present participle as adjective have no **-e** ending: **een slapend kind** 'a sleeping child', **een boeiend boek** 'a fascinating book', **kokend water** 'boiling water'.

The present participle as an adverb

When used independently as an adverb, the present participle usually appears in its basic form, verb infinitive + **-d**, and sometimes with the ending **-de**, for example when preceded by the word **al** or in fixed expressions. Examples:

***Al doende* leert men.**
You learn it by doing it.

Al zingend(e) **kwamen de spelers van het veld.**
The players came off the field singing.

Als leraar *zijnde* **heb je veel werk.**
Being a teacher you have a lot of work.

Most of the time, however, the adverbial present participle does not end in **-e**. It is used to express the manner in which something is done. Examples:

Pratend **kwamen de studenten het lokaal binnen.**
The students entered the classroom talking.

Zingend **stond zij de was te strijken.**
She sang while she was ironing the laundry.

Peter, eet niet zo *smakkend*!
Peter, don't eat so noisily!

Rokend **zat de taxichauffeur achter het stuur.**
The cabdriver sat behind the wheel and smoked.

The present participle as adverb can also have additional sentence elements. Examples:

Een sigaretje rokend **zat de taxichauffeur achter het stuur.**
Smoking a cigarette, the cabdriver sat behind the wheel.

Lekker even een sigaretje rokend **zat de taxichauffeur achter het stuur.**
Enjoying a cigarette for a minute, the cabdriver sat behind the wheel.

De **rokende** taxichauffeur

Exercise 14.1

Change the relative sentence into a present participle.

Example: **Ik zie (een hond die blaft)** *een blaffende hond* **in het park.**

1 Ik zie (kinderen die spelen) _____ op het schoolplein.
2 Ik zie (een begonia die bloeit) _____ achter een raam.
3 Ik zie (toeristen die zonnebaden) _____ op het strand.
4 Ik zie (katten die vechten) _____ in een tuin.
5 Ik zie (een meisje dat huilt) _____ bij de tandarts.

Exercise 14.2

Decide if the present participle needs an **-e** or not.

Situation: Breakfast in the Beumer family.

1 Sanne en Erik worden wakker van de (rinkelend) _____ wekker.
2 (Zuchtend) _____ komen ze uit bed.
3 Maar na een minuut staat Erik (zingend) _____ onder de douche.
4 Sanne giet (kokend) _____ water in de theepot. Voor Erik zet ze koffie.
5 Peter is bijna te laat voor de bus. Al (etend) _____ rent hij naar de bushalte.
6 Karin zit een boek (lezend) _____ haar müsli te eten.
7 Sanne zet een kop (dampend) _____ koffie voor Erik neer.
8 Erik leest in de krant: "(stakend) _____ postbodes stellen een ultimatum."
9 Sanne zegt: "Erik, gooi jij die (stinkend) _____ vuilniszak nog even in de ton voordat je weggaat?"
10 In de verte hoort ze de (piepend) _____ remmen van de vuilnisauto.

Exercise 14.3

In this exercise, enter the correct form of the present participle.
* = **het**-word

Erik gaat (lopen) _____ (1) naar de markt. Op de markt is het een (daveren) _____ (2) lawaai*. Bij elke kraam staan (schreeuwen) _____ (3) verkopers. Erik koopt een pond (geuren) _____ (4) aardbeien. "Wat kost deze?," vraagt hij, in een meloen (knijpen) _____ (5). "Een eurootje meneer," roept de heen en weer (rennen) _____ (6) verkoper. (Lachen) _____ (7) pakt Erik twee meloenen van de tafel. Met drie tassen (zeulen) _____ (8) loopt Erik weer naar huis. Achter zich hoort hij een (toeteren) _____ (9) auto. Het is de buurman, die hem (zwaaien) _____ (10) voorbijrijdt. "Wat krijgen we nou? Die man kon me wel een lift aanbieden!", denkt Erik.

Exercise 14.4

Speaking exercise. Look at the illustration and discuss what this dog could be doing. Use phrases such as **Dit is een _____ de hond**.

UNIT FIFTEEN
Talking about the future

Introduction

This unit introduces various ways to talk about the future. Strictly speaking, there isn't really a 'future tense' in Dutch, because some of the forms used for the future tense can also have other functions.

Using the present tense

The simplest way to talk about the future is to use the present tense with an adverb or a prepositional phrase that expresses future. Examples:

Morgen **schrijf ik een essay.**	Tomorrow I'll write an essay.
Over drie dagen **komt er regen.**	It will rain in three days.
We eten *vanavond* **boerenkool.**	We're having curly kale tonight.

Using the verb zullen

Using the verb **zullen** in combination with an infinitive is more complicated, because this modal verb can hold a variety of meanings. Sometimes, it will not be crystal clear whether the speaker is only talking about future intentions or actually making a promise.

Morgen *zal* **ik een essay** *schrijven.*	Tomorrow I'll write an essay.
Over een week *zul* **je weer beter** *zijn.*	You'll be better in a week.
Wie *zal* **straks de champagne** *openen?*	Who will open the champagne later?
Wat *zal* **de toekomst** *brengen?*	What will the future bring?

The sentence **Morgen zal ik een essay schrijven** can have two meanings. It can mean 'It is my plan or my intention to write an essay' or, secondly, it can mean 'I promise I will write an essay tomorrow'. Only in sentences that hold no such ambiguity, is the verb **zullen** the correct choice for the future tense. Examples:

De koningin *zal* **de nieuwe brug openen.**	The queen will open the new bridge.
De wind *zal* **uit het oosten** *waaien.*	The wind will blow from the east.

When talking about important events which one expects to be completed at a specific point in the future, we use the 'futurum exactum', the verb **zullen** in combination with the main verb in the present perfect.

Volgende week om deze tijd *zal* **het kind** *geboren zijn.*
Next week at this time the child will have been born.

Over een jaar *zal* **het huis van onder tot boven** *verbouwd zijn.*
In a year, the house will have been renovated top to bottom.

Over niet al te lange tijd *zal* **er een nieuwe president** *gekozen zijn.*
In the not too distant future, a new president will have been elected.

Over tien dagen *zal* **de alpinist de top van Everest** *bereikt hebben.*
In ten days, the mountaineer will have reached the top of Everest.

Using the verb gaan

The most commonly used form of the future is the verb **gaan** in combination with the infinitive of the main verb. Examples:

Ik *ga* **een huis** *kopen.*	I'm going to buy a house.
Ga **je die marathon echt** *rennen?*	Are you really going to run that marathon?
Wat *ga* **je morgenavond** *doen?*	What are you going to do tomorrow evening?

This is the least ambiguous and most versatile form to use for the future, as the verb **gaan** itself holds the meaning *going to* and therefore a time expression isn't really necessary to clarify that the sentence concerns an event in the future.

Exercise 15.1

Write the sentences out in the present tense, beginning with the time expression.

Situation: Sanne is trying to make an appointment to go out with a friend. But her calendar is very full.

Example: **morgenmiddag – werken**
            Morgenmiddag werk ik.

1 woensdagavond – koorrepetitie hebben
2 zaterdagochtend – naar een voetbalwedstrijd van Peter kijken
3 volgende week – een project voor school afmaken
4 Op 6 maart – met een paar collega's van werk eten
5 Op 9 maart – vrij zijn

Exercise 15.2

Write full sentences using the 'futurum exactum', following the example.

Situation: Erik and Sanne are talking about possibilities in the distant future.

Example: **ik – promotie maken**
            Erik: **Ik zal misschien promotie gemaakt hebben.**

1 de kinderen – hun opleiding afmaken   Erik: _____
2 de kinderen – het huis uit gaan   Sanne: _____
3 we – dit huis – misschien – verkopen   Erik: _____
4 dit dorp – erg – veranderen   Sanne: _____
5 ik – misschien – met werken stoppen   Sanne: _____

Exercise 15.3

Write out the sentences using a form of **gaan** with the infinitive.

Situation: The neighbor asks Erik what his plans for the weekend are. These are Erik's answers.

1 ik – een nieuwe hengel kopen
2 Peter – voetballen
3 Karin – met vrienden winkelen
4 Sanne – haar tulpenbollen in de grond stoppen
5 wij – morgenavond in de stad eten

103

Exercise 15.4

Use a form of **zullen** with the infinitive.

Situation: The future of the Netherlands.

1 het water – hoger staan
2 er – meer immigranten – wonen
3 het verkeer – drukker zijn
4 de gemiddelde leeftijd – stijgen
5 de economie – sterker worden

Exercise 15.5

Speaking exercise. Take the following sentence parts and form questions using indirect speech beginning with **Geloof jij dat . . .** ?

Situation: The future of the Netherlands.

Example: **Geloof jij dat de economie sterker zal worden?**

1 de files – langer worden
2 Prins Willem Alexander – koning zijn
3 meer mensen – moeten bezuinigen
4 Nederland – meer met Europa samenwerken
5 het openbaar vervoer – beter functioneren

UNIT SIXTEEN
Separable and inseparable verbs

Introduction

In Unit 17 of *Basic Dutch* we discussed elementary principles of separable and inseparable verbs. A separable verb is separated when conjugated in a main sentence, and an inseparable verb is not. This unit takes a closer look at separable verbs in subordinated sentences, with auxiliary verbs, in infinitive constructions, and in the present perfect.

Examples of separable and inseparable verbs

		Separable	
*uit*gaan	go out	*over*steken	cross
*aan*komen	arrive	*in*vullen	fill in
*op*bellen	call	*door*sturen	forward

		Inseparable	
ver**gè**ten	forget	her**hà**len	repeat
ont**dèk**ken	discover	er**và**ren	experience
be**tà**len	pay	voor**kò**men	prevent

In a separable verb, the accent or stress lies on the separable prefix, as demonstrated in bold in the table. The prefix in inseparable verbs is unstressed, the emphasis lies on the second syllable of the word (see accents on vowels). Examples in the present tense:

Erik en Sanne *gaan* **zaterdag** *uit.*	Erik and Sanne are going out on Saturday.
Erik *belt* **het theater** *op* **voor kaarten.**	Erik calls the theater for tickets.
Erik *herhaalt* **zijn naam twee keer.**	Erik repeats his name twice.
Hij *betaalt* **met creditcard.**	He pays by credit card.

Separable and inseparable verbs in the present perfect

When used in the present perfect tense, the past participle of a separable verb is divided by **ge-** while the participle of an inseparable verb doesn't have **ge-** at all. The stress is still the same, underlined in the examples:

> **Erik en Sanne zijn zaterdag <u>uit</u>gegaan.**
> Erik and Sanne went out on Saturday.

> **Erik heeft het theater <u>op</u>gebeld voor kaarten.**
> Erik called the theater for tickets.

> **Erik heeft zijn naam twee keer her<u>haald</u>.**
> Erik repeated his name twice.

> **Hij heeft met creditcard be<u>taald</u>.**
> He paid by credit card.

Separable and inseparable verbs in subordinated sentences

When used in a subordinated sentence, for example in indirect speech, a separable verb is not separated. Neither, of course, is an inseparable verb. Examples:

> **Erik zegt dat hij en Sanne zaterdag *uitgaan*.**
> Erik says that he and Sanne are going out on Saturday.

> **Sanne wil graag dat Erik het theater *opbelt* voor kaarten.**
> Sanne wants Erik to call the theater for tickets.

> **Sanne moet lachen als Erik zijn naam twee keer *herhaalt*.**
> Sanne laughs when Erik repeats his name twice.

> **Erik zegt dat hij met creditcard *betaalt*.**
> Erik says he'll pay by credit card.

Separable verbs in subordinated sentences in the present perfect

When used in a subordinated sentence in the present perfect, the participle of a separable verb can be split up by the helping verb **hebben** or **zijn**, or the helping verb can be placed right before or right after the past participle. Examples:

Erik zegt dat hij en Sanne zaterdag <u>uit *zijn* gegaan</u>.
Erik says that he and Sanne went out on Saturday.

Erik zegt dat hij en Sanne zaterdag <u>*zijn* uitgegaan</u>.
Erik says that he and Sanne went out on Saturday.

Erik zegt dat hij en Sanne zaterdag <u>uitgegaan *zijn*</u>.
Erik says that he and Sanne went out on Saturday.

Sanne vindt het fijn dat Erik het theater <u>op *heeft* gebeld</u>.
Sanne thinks it's nice that Erik phoned the theater.

Sanne vindt het fijn dat Erik het theater <u>*heeft* opgebeld</u>.
Sanne thinks it's nice that Erik phoned the theater.

Sanne vindt het fijn dat Erik het theater <u>opgebeld *heeft*</u>.
Sanne thinks it's nice that Erik phoned the theater.

Note that all three forms are grammatically equally correct, but that the separated forms of the past participle are more common in speech. Also, the forms with the helping verb (**hebben** or **zijn**) at the end of the sentence are less common in modern Dutch.

Separable and inseparable verbs with modal verbs

Both separable and inseparable verbs appear at the end of the sentence in their infinitive form when used with a modal (or other auxiliary) verb. Examples:

Erik en Sanne <u>willen</u> zaterdag *uitgaan*.
Erik and Sanne want to go out on Saturday.

Erik <u>gaat</u> het theater voor kaarten *opbellen*.
Erik will call the theater for tickets.

Erik <u>moet</u> zijn naam twee keer *herhalen*.
Erik has to repeat his name twice.

Separable verbs with modal verbs in subordinated sentences

When a separable verb is used in a subordinated sentence with a modal (or other auxiliary) verb, the modal verb can split the infinitive of the separable verb or appear right before it. Examples:

Erik zegt dat hij en Sanne zaterdag <u>uit *willen* gaan</u>.
Erik says that he and Sanne want to go out on Saturday.

Erik zegt dat hij en Sanne zaterdag _willen_ <u>uitgaan</u>.
Erik says that he and Sanne want to go out on Saturday.

Erik zegt dat hij het theater voor kaarten <u>op</u> _gaat_ <u>bellen</u>.
Erik says that he is going to call the theater for tickets.

Erik zegt dat hij het theater voor kaarten _gaat_ <u>opbellen</u>.
Erik says that he is going to call the theater for tickets.

Note: A third alternative, with the conjugated modal verb at the end (**uitgaan** _willen_), is only possible in certain cases, and therefore not preferred.

What happens in the present perfect tense?

When used in a subordinated sentence with a modal (or other auxiliary) verb in the present perfect, the separable verb can be split up, the separable prefix taking the position before the infinitives of the two auxiliary verbs, as in examples 2a and 2b, or it can appear unseparated at the very end of the sentence, as in examples 1a and 1b.

1a) **Erik zegt dat hij en Sanne zaterdag <u>hebben willen</u> _uitgaan_.**
    Erik says that he and Sanne wanted to go out on Saturday.

2a) **Erik zegt dat hij en Sanne zaterdag _uit_ <u>hebben willen</u> _gaan_.**
    Erik says that he and Sanne wanted to go out on Saturday.

1b) **Sanne vertelt dat hij het theater <u>heeft moeten</u> _opbellen_.**
    Sanne said that he had to phone the theater.

2b) **Sanne vertelt dat hij het theater _op_ <u>heeft moeten</u> _bellen_.**
    Sanne said that he had to phone the theater.

Again, each of the two examples is grammatically correct, but the separated form of the main verb is more common in speech.

Separable verbs in the conditional with zou

When a separable verb is used in the conditional with **zou** in a subordinated sentence, there are various possible positions of **zou** within the verb constituent. Examples:

Main sentence: **Erik _zou_ het theater <u>opbellen</u>.**
               Erik would call the theater.

Subordinated sentence: **Sanne dacht, dat Erik het theater _zou_ opbellen.**
Sanne thought Erik would call the theater.
Alternatives: 1) **Sanne dacht, dat Erik het theater _op zou_ bellen.**
2) **Sanne dacht, dat Erik het theater opbellen _zou_.**

Separable
verbs
in the
condi-
tional
with an
auxiliary
verb

In the subordinated sentence, the first sentence is the preferred grammatical form. The separated form in alternative 1 is more common in speech, and alternative 2 is considered uncommon in modern Dutch, even though it is grammatically correct.

In the present perfect, the word order in the verb group is as follows:

Erik _zou_ het theater hebben opgebeld.
Erik would have called the theater.
Alternatives: 1) **Erik _zou_ het theater op hebben gebeld.**
2) **Erik _zou_ het theater opgebeld hebben.**

The first sentence is the preferred form, with the helping verb before the past participle of the main verb. Alternative 1 is more common in speech, and alternative 2 is less common in modern Dutch. In a subordinated sentence, the word order is as follows:

Sanne dacht, dat Erik het theater _zou_ hebben opgebeld.
Sanne thought that Erik would have called the theater.
Alternatives: 1) **Sanne dacht, dat Erik het theater op _zou_ hebben gebeld.**
2) **Sanne dacht, dat Erik het theater opgebeld _zou_ hebben.**

Again, the first sentence, with the two helping verbs before the participle of the main verb, is the preferred form. The separated form of the main verb is more common in speech, and alternative 2 is less common in modern Dutch.

Separable verbs in the conditional with an auxiliary verb

When used in the conditional with **zou** in combination with an auxiliary verb, separable verbs can be separated or not. Examples in main and subordinated sentences:

Erik zou het theater moeten _opbellen_.
Erik should call the theater.
Alternative: **Erik zou het theater _op_ moeten bellen.**

Sanne vindt dat Erik het theater <u>zou moeten</u> _opbellen_.
Sanne thinks that Erik should call the theater.
Alternative: **Sanne vindt dat Erik het theater _op zou moeten_ _bellen_.**

In the past tense: **Erik <u>had</u> het theater <u>moeten</u> _opbellen_.**
Erik should have called the theater.
Alternative: **Erik <u>had</u> het theater _op moeten_ _bellen_.**

Sanne vindt dat Erik het theater <u>had moeten</u> _opbellen_.
Sanne thinks Erik should have called the theater.
Alternative: **Sanne vindt dat Erik het theater _op had moeten_ _bellen_.**

As explained in the previous examples, the separated forms of the main
verb are more common in speech.

Separable and inseparable verbs with te

When we use a verb or a construction with **te** + infinitive such as **vergeten**
'forget', **proberen** 'try', **weigeren** 'refuse', **zin hebben om ... te** 'to like, want
to do' in combination with a separable verb, **te** is placed between the
separable prefix and the main verb. An inseparable verb stays unseparated. Examples:

Erik vergeet het theater <u>op</u> _te_ <u>bellen</u>.   Erik forgets to call the theater.
Erik weigert de rekening _te_ <u>betalen</u>.   Erik refuses to pay the bill.

Separable verbs with te and a modal verb

When we use a verb with **te** + infinitive such as **beloven** 'promise', **menen**
'think', **dreigen** 'threaten' in combination with a separable verb and a modal
verb in the present tense, the separable verb can be separated with the
separable prefix before **te**, or it can appear unseparated after the modal
verb. Examples:

Erik belooft het theater <u>te zullen</u> _opbellen_.
Erik promises to call the theater.
Alternative: **Erik belooft het theater _op te zullen_ _bellen_.**

De gemeente dreigt het oude station <u>te moeten</u> _afbreken_.
The city threatens to have to demolish the old station.
Alternative: **De gemeente dreigt het oude station _af te moeten_ _breken_.**

Again, the separated forms of the main verb in the infinitive construction
are more common in speech.

Exercise 16.1

Put the sentences into indirect speech and use one of three possible options for the word order.

Situation: Sanne asks if Erik and the kids have done their portion of the household tasks.

1 Erik: Ik heb de vuilnisbak buitengezet.
   Erik zegt dat _____
2 Peter: Ik heb m'n kamer opgeruimd.
   Peter zegt dat _____
3 Karin: Ik heb de glazen van gisteren afgewassen.
   Karin zegt dat _____
4 Erik: Ik heb ook de hond uitgelaten.
   Erik zegt dat _____
5 Peter: Ik heb de was opgehangen.
   Peter zegt dat _____

Exercise 16.2

Use the conditional with **zou** in indirect speech.

Situation: Sanne is mad. Erik and the kids didn't do the things they had said they would do.

Example: **Erik, jij zei dat jij de aardappels *zou opzetten*!** (or: *op zou zetten*)

1 (de kattenbak uitmesten) Peter, _____
2 (het eten voorbereiden) Erik, _____
3 (de wc schoonmaken) Karin, _____
4 (de lege flessen naar de supermarkt terugbrengen) Erik, _____
5 (je kamer opruimen) Karin, _____

Exercise 16.3

Now use the sentences from Exercise 2 again in combination with a verb with **te**.

Example: **Erik heeft vergeten de aardappels *op* te *zetten*.**

1 Peter had geen zin _____
2 Erik is vergeten _____
3 Karin had beloofd _____

4 Erik had beloofd _____
5 Karin is vergeten _____

Exercise 16.4

Use the conditional with **zou** in combination with an auxiliary verb.

Situation: Sanne and Lydia are talking about what they would like to do when they retire.

Example: **Ik zou nooit meer** *schoon willen maken* (or: *willen schoonmaken*)**.**

1 Sanne (me voor een cursus pottenbakken inschrijven – kunnen)
2 Lydia (elke dag heel laat opstaan – willen)
3 Sanne (me in een huisje aan zee terugtrekken – willen)
4 Lydia (de vakanties zonder kinderen doorbrengen – kunnen)
5 Sanne (elk weekend lekker uitgaan – kunnen)

Exercise 16.5

Now put the sentences you have written in Exercise 16.4 into indirect speech.

Example: **Sanne zegt dat ze nooit meer** *schoon zou willen maken* (or: *zou willen schoonmaken*)**.**

1 Sanne zegt _____
2 Lydia zegt _____
3 Sanne zegt _____
4 Lydia zegt _____
5 Sanne zegt _____

UNIT SEVENTEEN
Relative clauses

Introduction

In Unit 24 of *Basic Dutch* we introduced the basic principles of relative pronouns and relative clauses. A relative clause begins with a relative pronoun and ends with the verb (it is a subordinated clause). The relative pronoun refers to a noun or other word earlier in the sentence (the antecedent). The relative clause gives information about the antecedent. This unit will continue with more complex forms of the relative clause, and it will focus on more complicated questions of word order. First, an overview:

Relative pronoun	Antecedent
die	**de**-words in singular
dat	**het**-words in singular
die	all nouns in plural
waar + preposition	objects preceded by a preposition
wie	a persons preceded by a preposition; b no explicit antecedent
wat	a no explicit antecedent; b complete sentence; c indefinite pronouns; d others

Die **and** dat

The relative pronoun **die** refers to **de**-words in the singular and all plurals. If it refers to a person, the relative pronoun needs to be the *subject* or *direct object* of the sentence. The relative pronoun **dat** refers to **het**-words in the singular. Examples:

Dit is de bank *die* ik deze week heb gekocht.
This is the sofa that I bought this week.

Waar zijn de foto's *die* ik vandaag in wil plakken?
Where are the photos that I want to put in the album today?

Wie is de schrijver *die* de Nobelprijs gewonnen heeft?
Who is the writer who won the Nobel Prize?
Note: The pronoun **die** is the *subject* of the sentence.

Dit is de bankrover *die* ze gisteren gearresteerd hebben.
This is the bank robber whom they arrested yesterday.
Note: The pronoun **die** is the *direct object* of the sentence.

Is dat het huis *dat* jullie willen kopen?
Is that the house you want to buy?

Waar + **preposition**

The relative pronoun **waar** + preposition is used to refer to things that are accompanied by a preposition. This is often the case when the main verb of the sentence has a preposition: **vertellen over, denken aan, zorgen voor, lijken op, protesteren tegen, raden naar, reageren op**, etc. Examples:

Hier staat het artikel *waarover* ik je gisteren vertelde.
This is the article I told you about yesterday.

Ik schrijf u een bril voor *waarmee* u beter kunt lezen.
I'll prescribe you a pair of glasses with which you'll be able to read better.

Een auto is nou zoiets *waaraan* ik het liefst zo min mogelijk geld uit wil geven.
A car is something on which I'd like to spend as little money as possible.

Wie

When the antecedent is a person, however, and when the verb is accompanied by a preposition, we cannot use the pronoun **waar** + preposition, but we use the combination **wie** with a preposition. Examples:

Is dat de vrouw *met wie* Erik getrouwd is?
Is that the woman to whom Erik is married?

Waar zit de persoon *aan wie* ik dit formulier moet geven?
Where is the person to whom I should give this form?

Is er iemand *voor wie* je dat niet zou doen?
Is there someone for whom you wouldn't do that?

Wie without antecedent

Sometimes, the relative pronoun **wie** refers to a person (or persons) in general, and there is no antecedent, similar to the English word 'whoever'. Examples:

Wie **klaar is met de test, mag hem hier inleveren.**
Whoever is finished with the test, can hand it in here.

Wie **z'n gat verbrandt, moet op de blaren zitten.**
Whoever burns his/her butt, must sit on the blisters (proverb: you have to feel the consequences of your mistakes).

Wie **mooi wil gaan, moet pijn uitstaan.**
If you want to look pretty, it might hurt.

Wat without antecedent

Similar to **wie** without antecedent, the relative pronoun **wat** can refer to something that is not explicitly mentioned; the antecedent is implied. In English we would say 'whatever'. Examples:

Wat **je niet lust, kun je op je bord laten liggen.**
Whatever you don't like, you can leave on your plate.

Wat **hij zegt moet je niet geloven.**
You shouldn't believe what he says.

Wat referring to a sentence

The relative pronoun **wat** can refer to a fact mentioned in the previous or in the following sentence. It can thus refer to a *complete sentence*. Examples:

<u>**Hij maakte een lunchpakketje voor me,**</u> *wat* **ik hartstikke aardig vond.**
He made me a lunch bag, which I thought was really nice.

Wat **is niet begrijp, is** <u>**hoe die auto van de weg kon raken**</u>.
What I don't understand is how that car could get off the road.

Wat after an indefinite pronoun

The relative pronoun **wat** follows indefinite pronouns such as **iets**, **niets**, **alles**, **veel**, **weinig**, **genoeg**. Examples:

Alles *wat* **je hier ziet, moet in de verhuiswagen.**
Everything you see here, has to go into the moving truck.

Er is **niets** *wat* **Erik niet lekker vindt.**
There's nothing that Erik doesn't like to eat.

Er is **veel** *wat* **ik nog moet leren.**
There is much for me to learn yet.

Wat **after superlatives**

The relative pronoun **wat** also follows superlatives of adjectives with **het** in a general meaning, without a noun. Examples:

Dat was **het leukste** *wat* **hij ooit tegen me gezegd heeft.**
That was the nicest thing he has ever said to me.

Dat is wel **het stomste** *wat* **je in zo'n geval kunt doen.**
That's the stupidest thing you can do in such a case.

The relative pronoun referring to persons

There is sometimes confusion among learners of Dutch regarding the question of when to use **wie** when referring to people, and when to use **die**. Therefore, a summary:

The relative pronoun **die** is used when the person referred to is the subject or the direct object of the relative clause. Examples:

1 **De schrijver** *die in 2005 het boekenweekgeschenk geschreven heeft,* **heet Jan Wolkers.**
   The writer who wrote the book week gift in 2005, is Jan Wolkers.

In sentence 1 the relative pronoun is the subject of the sentence.

2 **De schrijver** *die ik een paar jaar geleden in De Balie heb gezien,* **heet Jan Wolkers.**
   The writer whom I saw in De Balie a few years ago, is Jan Wolkers.

In sentence 2 the relative pronoun is the object of the sentence, because **ik** is the subject.

The relative pronoun **wie** is used when the person referred to is the indirect object or the object of a preposition in the relative clause. Examples:

3 **Kijk, op deze foto zie je mijn vriendin Clara, <u>over</u> *wie* ik je vertelde.**
Look, in this photo you see my friend Clara, about whom I told you.

4 **Dat is de persoon <u>aan</u> *wie* je moet vragen van welk perron de trein vertrekt.**
That's the person whom you should ask from which platform the train is leaving.

The relative pronoun **wie** is also used when there is not an explicit antecedent, as in English 'whoever'. In Dutch we often see this form in proverbs. Examples:

5 *Wie* **niet horen wil, moet voelen.**
He/she who doesn't want to listen, must feel.

6 *Wie* **zoet is krijgt lekkers,** *wie* **stout is de roe.**
The sweet children will get sweets, the naughty ones will be punished (line from a St Nicholas song).

7 *Wie* **zich nog niet ingeschreven heeft, kan dat hier nog doen.**
Whoever has not yet registered, can still do that here.

Separation of the relative pronoun with
waar + preposition

All relative clauses are subordinated clauses. The conjugated verb goes to the end. In a longer sentence, the relative pronoun with **waar** + preposition often gets separated, especially in speech. Neither form is more correct, it is a matter of preference. Examples:

Dit is het programma *waarmee* **ik al mijn financiën doe.**
This is the program with which I do all my finances.
Alternative: **Dit is het programma** *waar* **ik al mijn financiën** *mee* **doe.**

Kleren zijn dingen *waaraan* **je niet zo veel geld moet uitgeven.**
Clothes are things on which you shouldn't spend so much.
Alternative: **Kleren zijn dingen** *waar* **je niet zo veel geld <u>aan moet uitgeven</u>.**

Note that the preposition, when it is separated from **waar-**, goes to the end of the sentence right before the conjugated form of the verb group (see underlining).

Relative sentences with modal verbs

As in any subordinated sentence, in a relative sentence the modal (or auxiliary) verb, the conjugated verb, goes to the end of the sentence. However, it can be placed right before or right after the infinitive. When the verb group consists of more than one infinitive, the auxiliary verb must come before the infinitive group. Examples with underlining:

Dit is het boek *dat* **ik voor m'n examen <u>moet lezen</u>.**
This is the book that I have to read for my exam.
Alternative: **Dit is het boek** *dat* **ik voor m'n examen <u>lezen moet</u>.**

Dit is het boek *dat* **ik voor m'n examen <u>zal moeten lezen</u>.**
This is the book that I will have to read for my exam.

Relative sentences with separable verbs

When the relative sentence contains a separable verb, the same rules apply as discussed in the chapter on separable verbs. Note, however, the variety in word order options for relative sentences beginning with **waar** + preposition. The option to separate the relative pronoun creates different possibilities in word order. A few examples:

Hier zijn de houtjes *waarmee* **je het vuur aanmaakt.**
Here's the wood with which you start the fire.
Alternative: . . . *waar* **je het vuur** *mee* **aanmaakt.**

Er waren houtjes *waarmee* **we het vuur <u>aangemaakt hebben</u>.**
There was wood, with which we started the fire.
Alternative: . . . *waar* **we het vuur** *mee* **<u>aan hebben gemaakt</u>.**

Er waren houtjes *waarmee* **we het vuur <u>moesten aanmaken</u>.**
There was wood, with which we had to start the fire.
Or: . . . *waar* **we het vuur** *mee* **<u>aan moesten maken</u>.**

Note: When you separate the relative pronoun as well as the separable verb, the preposition (**mee** in the sentence above) must be placed right before the separable prefix of the main verb (**aan** in the sentence above). Also, there is no hierarchy in these examples in terms of grammatical correctness. It is a matter of personal and regional preference, but the varieties with separated verbs and pronouns are more common in speech. For more information on this topic, see also the units on infinitive constructions and word order.

Exercise 17.1

Enter the correct relative pronoun: **die**, **dat**, **wie**, **wat**, **waar** + preposition.

Situation: Sanne's friend Lydia tells a story about her new neighbor: a pianist.

1 We hebben een nieuwe buurman, _____ piano speelt.
2 Hij speelt de hele dag en ook 's avonds, _____ ik natuurlijk heel vervelend vind.
3 Maar ja, wat kan je zeggen tegen iemand, voor _____ pianospelen z'n beroep is.
4 Het stuk _____ hij nu veel oefent, is van Chopin, best mooi, hoor.
5 Gisteren ging ik er toch maar eens heen met een klacht, _____ hij heel vriendelijk reageerde.
6 We hebben een oplossing _____ ik wel tevreden ben: Hij speelt niet meer 's avonds en begint 's morgens niet te vroeg.
7 Kijk, hij gaf me twee kaarten voor het concert _____ hij volgende week geeft.
8 Toch wel leuk, hè, een buurman _____ beroemd is!

Exercise 17.2

Connect the sentence pairs with the correct relative pronoun. Sometimes you have more than one option for word order (check answer key).

Situation: Erik is showing an old school photo to his children.

1 Dit is Arnout. Ik ruilde altijd voetbalplaatjes met hem.
2 Dit is Annelies. Ik heb nog een tijdje met haar verkering gehad.
3 Dit was Joost. Hij is al in 1988 overleden.
4 Dit was de klassenleraar. Ik kreeg altijd strafwerk van hem.
5 Dit is Marie. We hebben haar een keer toevallig in Parijs ontmoet.

Exercise 17.3

What sort of things are these? Change the sentence between brackets into a relative sentence. Try different varieties of word order. Check the answer key for different options.

1 Een stofzuiger is een ding (je kunt ermee stofzuigen)
2 Een grasmaaier is een ding (je kunt ermee grasmaaien)
3 Een telefoon is een ding (je kunt er iemand mee opbellen)
4 Een thermometer is een ding (je kunt er de temperatuur van aflezen)

119

5 Een voetbal is een ding (je moet er zo hard mogelijk tegenaan schoppen)
6 Een pen is een ding (je kunt er notities mee opschrijven)

Exercise 17.4

Enter the correct relative pronoun: **wie**, **wat**.

Situation: A picnic.

1 Sanne: _____ nog een broodje met kaas wil, moet het zeggen.
2 Peter: Er zit al een tijdje een wesp op mijn broodje, _____ ik heel vervelend vind.
3 Sanne: Is er niemand voor _____ ik nog een broodje kaas kan maken?
4 Karin: _____ er overblijft, kunnen we aan de vogels geven.
5 Sanne: Er is niets in deze picknickmand _____ weer mee terug naar huis gaat.
6 Erik: Picknicken op het strand is toch het leukste _____ je in de zomer kunt doen.

Exercise 17.5

Connect the sentence pairs with the correct relative pronoun.

1 Ik heb gisteren een soort vis gegeten. Ik had er nog nooit van gehoord.
2 Het is een witte vis. Hij wordt in de Atlantische Oceaan gevangen.
3 De vis werd met een saus geserveerd. Er zat heel veel knoflook in.
4 We bestelden een witte wijn. Hij smaakte heel goed bij de vis.
5 Ik vroeg om het recept van de saus. Ik kreeg het natuurlijk niet.

UNIT EIGHTEEN
Indirect speech

Introduction

The unit on word order in *Basic Dutch* concluded with a section on word order in indirect speech. This unit continues with more complicated forms of indirect speech.

Indirect statements and indirect questions

A typical aspect of indirect speech is that the perspective changes from first person to third person. However, the number of speakers involved in the conversation, and the question of who addresses whom can also determine the subject form of indirect speech.

> Erik: **Ik kijk vanavond naar voetbal**.   I'm watching soccer tonight.
> 1 **Erik zegt** *dat hij vanavond naar voetbal kijkt.*
> Erik says that he is watching soccer tonight.

> Erik: **Wat zit er in de salade?**   What's in the salad?
> 2 **Erik vraagt** *wat er in de salade zit.*
> Erik asks what is in the salad.

The clauses in italics are indirect speech. They are subordinated clauses, the conjugated verb (or the verb group) is at the end, and they can be indirect statements (example 1) or indirect questions (example 2). Note how in example 1 the subject changes from first person in direct speech to third person in indirect speech. Naturally, the speaker can also repeat his or her own statement in indirect speech, in which case the subject doesn't change. Example:

> Erik: *Ik* **kijk vanavond naar voetbal**. I am watching football tonight.
> Sanne: **Wat zeg je?**   What did you say?

Erik: *Ik zei dat **ik** vanavond naar voetbal kijk.*
I said that I'll be watching football tonight.

Indirect statements are often introduced with phrases that include the verbs **zeggen** 'say', **denken** 'think', **vertellen** 'tell', **menen** 'think, have an opinion', **vinden** 'think, have an opinion', **beweren** 'maintain', **antwoorden** 'answer' and others. An indirect statement always begins with **dat**. Indirect questions are introduced by a question word (**wie**, **wat**, **waar**, **wanneer**, **hoe**, **waarom**, etc.) or, if the question is a yes/no question, by **of** 'if, whether'. Indirect questions might be introduced with phrases such as **ik wil weten . . .** 'I want to know . . .', **kunt u mij vertellen . . .** 'can you tell me . . .' **mag ik even vragen . . .** 'may I ask . . .' and the like.

Now, imagine a situation where Peter is on the phone to Karin (who is staying with a friend in Amsterdam) while Sanne is in the room with him. Every now and then Sanne throws in a question or comment which Peter then relates to Karin. This goes as follows:

Sanne: **Heeft ze het leuk?**
Is she having a good time?
Peter: **Mama vraagt** *of je het leuk hebt.*
Mom asks if you're having a good time.
Sanne: **Wat doet ze allemaal?**
What is she doing?
Peter: **Mama wil weten** *wat je allemaal doet.*
Mom wants to know what you're doing.
Sanne: **Zeg maar tegen haar dat ze naar het Van Goghmuseum moet gaan.**
Tell her that she should go to the Van Gogh Museum.
Peter: **Mama zegt** *dat je naar het Van Goghmuseum moet gaan.*
Mom says that you should go to the Van Gogh Museum.

As you can see in the examples above, the subject of the indirect statement or question depends on who addresses whom and how many people are involved in the exchange of information. Note that also possessive pronouns will change. More examples:

Sanne to Erik: *Je **wordt** een beetje te dik.*
You're gaining a little too much weight.
Erik to a friend: **Sanne zegt** *dat **ik** te dik word.*
Grandpa and Grandma Beumer to Peter: *We **gaan** dit jaar **ons** huis verkopen.*
We're going to sell our house this year.
Peter to Erik: **Opa en oma Beumer zeiden** *dat **ze** dit jaar **hun** huis gaan verkopen.*

A few
notes on
word
order in
indirect
speech

A few notes on word order in indirect speech

A sentence in indirect speech is a subordinated sentence, the *finite verb* goes to the end.

Erik zegt dat hij graag frietjes *eet*.   Erik says he likes to eat fries.

If the sentence contains a *modal or other auxiliary verb*, this verb can be either before or after the infinitive or past participle of the main verb. Examples:

Erik zegt dat hij frietjes *wil* eten/eten *wil*.
Erik says he wants to eat fries.

Erik zegt dat hij gisteren frietjes gegeten *heeft*/*heeft* gegeten.
Erik says he ate fries yesterday.

If the verb group contains more than one infinitive, the *finite verb* must be placed before the infinitives. Examples:

Erik zegt dat hij minder frietjes *zou* moeten eten.
Erik says he should eat less fries.

Erik zei dat hij wel twee zakken frietjes *had* kunnen eten.
Erik says he could have eaten two bags of fries.

In a sentence with a separated *pronominal adverb* with **er-**, **er** must follow the subject or, if the verb is reflexive, the *reflexive pronoun*. Examples:

Frietjes? Erik zegt dat hij *er* gek op is.
Fries? Erik says he's crazy about them.

Frietjes? Erik zegt dat hij zich *er* dood aan kan eten.
Fries? Erik says he could stuff himself with them.

If the sentence contains a *separable verb*, the separable part is re-joined with the main verb in the subordinated sentence. If the *past participle is split*, the separable prefix must be placed right before the verb group.

Sanne zegt dat ze nooit een hele zak friet *opeet*.
Sanne says she never eats a whole bag of fries.

Erik zegt dat hij gisteren ook Sannes overgebleven frietjes *op* heeft *gegeten*/heeft opgegeten.
Erik says he also ate the rest of Sanne's fries yesterday.

123

Exercise 18.1

Put Erik's statements and questions into indirect speech.

Situation: Erik and Sanne are in Paris. Erik phones home. Peter tells Karin what Erik said on the phone.

1 Erik: We hebben heerlijk weer. Peter: Hij zei dat _____
2 Erik: Ons hotel is fantastisch. Peter: Hij zei _____
3 Erik: We hebben hartstikke mooie dingen gezien. Peter: Hij zei
_____
4 Erik: We brengen een grote zak croissants voor jullie mee. Peter: Hij
zei _____
5 Erik: We komen morgenavond rond tien uur thuis. Peter: Hij zei
_____
6 Erik: Hoe gaat het met jullie? Peter: Hij vroeg _____
7 Erik: Kijken jullie niet te veel televisie? Peter: Hij wou weten _____
8 Erik: Gaan jullie wel elke dag met de hond lopen? Peter: Hij vroeg
ook _____

Exercise 18.2

Put the statements and questions into indirect speech. Note the number of people speaking, and make sure to also change possessive pronouns when necessary.

1 Erik tegen Sanne: Heb je mijn leesbril ergens gezien?
  Karin: Wat vroeg papa?
  Sanne: Hij vroeg _____
2 Peter tegen Jeroen: Hé, Jeroen, mag ik je scooter even lenen?
  Jeroen tegen Johan: Wat wil hij?
  Johan tegen Jeroen: Hij vraagt _____
3 Sanne tegen Erik en de kinderen: Hebben jullie zin in boerenkool?
  Karin tegen Peter: Wat vroeg mama?
  Peter: Ze vraagt _____
4 Sanne tegen Karin en Peter: Ik wil jullie bedden vandaag graag
  verschonen.
  Peter tegen Karin: Wat zei mama?
  Peter: Ze zegt _____
5 Karin tegen Aysha: Ik heb m'n portemonnee vergeten.
  Aysha tegen Karin: Wat?
  Karin tegen Aysha: Ik zei _____

Exercise 18.3

Speaking exercise. Sit in groups of four. Two people in the group are talking about what they did yesterday or last weekend, while a third person is listening. Person 3 then tells person 4 what he/she heard. Examples:

Persoon X zei dat ze zaterdag naar een film is geweest. Persoon Y vroeg of het een leuke film was . . . and so on.

UNIT NINETEEN
Conditional sentences

Introduction

Conditional sentences are used to express a condition that needs to be fulfilled in order for something else to be possible. Based on its function, a speaker of Dutch uses different forms of the conditional, each depending on how likely it is that the condition will be fulfilled. Note the difference in English between *If you are home, I'll come over* and *If you were home, I would come over.* The second sentence is further away from actual realization than the first. Similarly, Dutch uses different tenses to express the likelihood of such a realization.

Conditional sentences in the present and present perfect tense

Conditional sentences are introduced by a conjunction of condition such as **als** 'if', **tenzij** 'unless', **mits** 'under the condition that'. See also the chapter on conjunctions.

1 Erik: **Als ik nu niet wegga, kom ik te laat op m'n werk.**
If I don't leave right now, I'll be late for work.

2 Sanne: **Als ik dit voorjaar een paar pond afval, kan ik weer in mijn zwarte bikini.**
If I lose a few pounds this spring, I can fit in my black bikini again.

3 Karin: **Als we deze wedstrijd winnen, komen we in de finale.**
If we win this game, we'll enter the finals.

4 Peter: **Als ik genoeg geld gespaard heb, koop ik een i-pod.**
If/When I have saved enough money, I'll buy an i-pod.

5 Erik: **We gaan dit weekend lekker naar het strand, tenzij het regent.**
We'll go to the beach this weekend, unless it rains.

From the speaker's perspective, a conditional sentence in the present or present perfect tense is used to express that the condition is likely to be fulfilled in the (near) future. In some cases, for example in sentence number 4, it is only a matter of time. In such sentences, the conjunction **als** can mean 'if' or 'when'. In other words, **als** can function as a conditional conjunction 'if' or a conjunction of time 'when'.

Conditional sentences in the simple past (imperfect) tense

If, from the speaker's perspective, the condition is less likely to be fulfilled, indeed, if the speaker is merely fantasizing about a possible future situation, or, lastly, if the condition cannot presently be fulfilled, the Dutch use the simple past (**was** and **kocht** in example 1a) or the simple past form of **zullen**, **zou**, in combination with an infinitive (**zou zijn** and **zou kopen** in examples 1b and 1c). Examples:

1a **Als ik jou was, kocht ik die auto.**
   If I were you, I'd buy that car.
1b **Als ik jou was, *zou* ik die auto *kopen*.**
1c **Als ik jou *zou zijn*, *zou* ik die auto *kopen*.**
2a **Als ik niet ziek was, ging ik naar school.**
   If I weren't sick, I would go to school.
2b **Als ik niet ziek was, *zou* ik naar school *gaan*.**
2c **Als ik niet ziek *zou zijn*, *zou* ik naar school *gaan*.**

For both sets of examples, sentence c is less common, especially in spoken Dutch. Options a and b differ only in style, grammatically they are equally acceptable, the choice, therefore, is with the speaker. See the following examples:

1 **Als je *kwam*, *gingen* we naar de markt.**
   If you came, we'd go to the market.
2 **Als je *kwam*, *zouden* we naar de markt *gaan*.**
3 **Als je *zou komen*, *zouden* we naar de markt *gaan*.**

Using the simple past in both sentences (as in example 1) can create confusion because it is possible to think of this situation as a recurring event in the past: 'Every time you came, we would go to the market'. Therefore, to avoid such confusion, we prefer to use the infinitive construction with **zou** at least in the second sentence (as in example 2), if not in both (as in example 3).

The conditional in sentences with modal verbs

If the conditional sentence has a modal verb or one that can be used as such, you can put the modal verb in the past tense or use **zou** with two infinitives at the end, the main verb last. Examples:

> **Als ik tijd had,** *kon* **ik je** *helpen.*
> If I had time, I could help you.

> **Als ik tijd had,** *zou* **ik je** *kunnen helpen.*
> If I had time, I could help you.

> **Als de film niet zo slecht was,** *bleef* **ik ernaar** *kijken.*
> If the film weren't so bad, I'd continue to watch.

> **Als de film niet zo slecht was,** *zou* **ik ernaar** *blijven kijken.*
> If the film weren't so bad, I'd continue to watch.

In most cases, the verb group with **zou** in combination with two infinitives is preferred. The combination **zou kunnen** is equivalent to English 'could', while **zou moeten** is equivalent to English 'should'. The verb combination **zou willen** translates into 'would want/like to'. Example:

> **Als het niet zo duur was,** *zou* **ik in Engeland** *willen studeren.*
> If it weren't so expensive, I would want to study in England.

Conditional sentences in the past perfect tense

If, from the perspective of the speaker, the condition was not fulfilled and will never be fulfilled, if the speaker is looking back into the past on a situation that cannot be changed anymore, the Dutch use the past perfect in the conditional sentence. Here, as in the previous examples, we use a form with **zou** in combination with an infinitive:

> **Als ik geld** *had gehad,* **dan** *had* **ik die auto** *gekocht.*
> If I had had money (or: If I would have had money), I would have bought that car.

> **Als ik geld had gehad, dan** *zou* **ik die auto** *hebben gekocht.*
> **Als ik geld** *zou hebben gehad,* **dan** *zou* **ik die auto** *hebben gekocht.*

Note: In the main sentence with **zou**, either the infinitive of **hebben** or the past participle of the main verb can be in final position:

Als ik geld had gehad, dan *zou* **ik die auto** *hebben gekocht.*
Als ik geld had gehad, dan *zou* **ik die auto** *gekocht hebben.*

Also, in the subordinated sentence with **zou**, the word order can be twofold:

Als ik geld *zou hebben gehad,* **dan zou ik die auto hebben gekocht.**
Als ik geld *gehad zou hebben,* **dan zou ik die auto hebben gekocht.**

Conditional sentences in the past perfect with modal verbs

If the conditional sentence has a modal or auxiliary verb, you can use the past perfect of the modal verb, which involves two infinitives, or you can use **zou** and three infinitives: **hebben** (or **zijn**), the past perfect helping verb, the auxiliary verb, and the main verb. Examples:

a **Als ik toen genoeg geld had gehad, dan** *had* **ik dat huis** *kunnen kopen.*
  If I had had enough money then, I would have been able to buy that house.
b **Als ik toen genoeg geld had gehad, dan** *zou* **ik dat huis** *hebben kunnen kopen.*

Note: In speech, the form in sentence a is the most common.

Conditional sentences expressing a formal request

When we ask someone a favor, we might use a form of the imperative, **Geef me even die krant** 'Give me that paper please', or a question beginning with a modal verb such as **Kun je me die krant even geven?** 'Can you give me that paper, please?' A form of the conditional is used to ask a question or a favor very formally and politely. Examples:

Zou **je me even met die dozen** *kunnen helpen?*
Could you help me with those boxes?

Zou **u dit formulier even** *willen invullen?*
Would you be willing to fill in this form?

Zou **ik je auto morgen** *mogen gebruiken?*
Would you let me use your car tomorrow?

Zou **je hier even** *willen blijven wachten?*
Would you please wait here for a minute?

When the modal verb is combined with a separable verb, the separable infinitive can appear separated by the modal verb or not. Example:

> ***Zou* je me vanavond even *op* kunnen *bellen*?**
> Could you call me tonight?
> Alternative: **Zou je me vanavond even *kunnen opbellen*?**

Note: The separated form is more common in speech.

Conditional sentences expressing friendly advice

The same form of the conditional, **zou** in an infinitive construction combined with one or more modal verbs and a main verb (as in examples 1–4 below) or a main verb alone (as in examples 5 and 6 below), is used to give friendly or formal advice. Examples:

1 **Je *zou* minder televisie *moeten kijken*.**
You should watch less TV.
2 **U *zou* een spaarrekening *kunnen openen*.**
You could open a savings account.
3 **Je *zou* je haar *moeten laten knippen*.**
You should have a haircut.
4 **Jullie *zouden* niet altijd zo *moeten zeuren* over het weer.**
You shouldn't always complain about the weather.
5 **Ik *zou* die auto niet *kopen*.**
I wouldn't buy that car.
6 ***Zou* je dat nou wel *doen*?**
Do you really want to do that?

Conditional sentences expressing uncertainty

A conditional sentence can also be used to express one's uncertainty about a situation or information that one has heard or read. Examples in context:

> Sanne: ***Zou* het morgen *gaan regenen*, denk je?**
> Do you think it'll rain tomorrow?
> Erik: **Ik weet niet. Het *zou kunnen*.**
> I don't know. Possibly.
> Sanne: ***Zou* dat waar *zijn*, wat er in de krant staat over die aanslag op die moskee?**
> Do you think that's true, what it says in the paper about that attack on that mosque?

Erik: **Het *zou* me niet *verbazen*.**
I wouldn't be surprised.

Exercise
19.1

A special form of the conditional is often used in news reports. You'll find
this in sentences in which something is said that is allegedly the case, but
nobody knows if it is in fact true.

Hij *zou* die man *vermoord hebben*.
He is said to have killed that man.

Er *zouden* bij die aanslag tien mensen om het leven *gekomen zijn*.
Allegedly ten people died in that assault.

Exercise 19.1

Combine the two sentences using the conditional conjunction.

1 We gaan op vakantie. Erik krijgt een vakantietoelage (als).
2 Het weer blijft mooi (als). We gaan naar de kust.
3 We hebben een nieuwe tent nodig. De oude is groot genoeg (tenzij).
4 Peter vindt een vakantiebaantje (als). Hij gaat niet mee.
5 Karin wil wel mee. Ze mag met haar vriendin naar Terschelling (tenzij).

Exercise 19.2

Complete the sentences in the conditional in the simple past tense with
zou.

Situation: Erik is daydreaming.

1 Als ik een miljoen in de lotto won (op reis gaan)
2 Als ik meer tijd had (elke dag sport doen)
3 Als ik een promotie kreeg (meer geld verdienen)
4 Als ik wat handiger was (de keuken renoveren)
5 Als de kinderen het huis uit waren (dit huis verkopen)

Exercise 19.3

Each sentence gives you the reality. Rewrite the sentences in the conditional, thinking of how it could be. You can use the simple past or
zou/zouden + infinitive.

*Situation: Karin and her friend are talking about what they could
do if . . .*

1 Het regent. We kunnen niet gaan fietsen.
2 De winkels zijn niet open. We kunnen niet winkelen.
3 We hebben geen appels in huis. We kunnen geen appeltaart maken.
4 De dvd-speler is kapot. We kunnen niet naar een film kijken.
5 Peter gebruikt de computer. We kunnen niet op het internet.

Exercise 19.4

Wat had je gedaan, als ...

Imagine what you would or could have done if you had lived in 17th century Amsterdam. Use conditional sentences in the past perfect.

1 met Rembrandt kunnen praten
2 voor de VOC willen werken
3 bang zijn voor de pest
4 het stadhuis zien branden
5 bij kaarslicht lezen

Exercise 19.5

Speaking exercise. You are going on vacation. Ask your neighbor very politely if he/she can take care of your house, pets, etc., using **zou** + **willen/kunnen** and other infinitives.

1 mijn planten water geven
2 de hond uitlaten
3 de kattenbak schoonmaken
4 het gras maaien
5 de post op tafel leggen

Think of some other things you might ask.

UNIT TWENTY
The passive

Introduction

A construction that is much more common in Dutch than in English is
the passive voice. Sentences in English such as *I was born in 1962* or *This
house was built in 1785* are passive constructions. They are used when the
emphasis of the statement lies more on the action than on its agent, or
more specifically, when the agent is irrelevant or unknown. This applies
very much to the sentence *This house was built in 1785*. We don't know
who built it, but a sign on the house or city records might show us that it
was built in 1785, which is much more important information than knowing
who actually built it. If, however, the architect or the builder was a very
famous or important person, we might say: *This house was built in 1785
by the famous architect John Johnsen*. In Dutch, we would do the same:

Dit huis is in 1785 gebouwd (no agent).
This house was built in 1785.

Dit huis is in 1785 *door* de beroemde architect Jan Janssen gebouwd
(with agent).
This house was built in 1785 by the famous architect Jan Janssen.

This unit introduces you to the passive construction in four tenses:
present, simple past (imperfect), present perfect and past perfect. It gives
examples with and without the agent of the action, and it discusses the
most common form, the passive construction with **er**. As always, the unit
pays special attention to issues of word order.

The forms

The passive construction is formed with the auxiliary verb **worden** and the
past participle of the main verb (here, we call this the passive participle).
The form of **worden** is the finite verb, and the passive participle is at the
end of the sentence.

present	**Het huis *wordt* gebouwd.**	The house is (being, getting) built.
imperfect	**Het huis *werd* gebouwd.**	The house was (being) built.
present perfect	**Het huis *is* gebouwd.**	The house has been/was built.
past perfect	**Het huis *was gebouwd*.**	The house had been built.

What exactly does it mean?

The translations in the examples above are not very useful for understanding how to use the passive in Dutch. Looking at the sentences again, here are some more descriptive translations.

Het huis wordt gebouwd.
They are in the process of building the house, it is currently being built.

Het huis werd gebouwd.
They were building the house. The building was going on a while ago, but had not been completed yet.

Het huis is gebouwd.
The house is finished, it has been built.

Het huis was gebouwd.
The house had already been built before a certain point in the speaker's history.

Het huis was 10 jaar voordat ik erin trok gebouwd.
The house had been built ten years before I moved in.

The passive with emphasis on the object of the action

When the object of an action needs emphasis, this object will be the *subject* of the passive sentence. Examples, with the subjects in italics:

***Het huis* wordt deze week geschilderd.**
The house is being painted this week. (Or better: They are painting the house this week.)

***Erik* wordt morgen geopereerd.**
Erik is going to be operated on (or: is going to have an operation) tomorrow.

***De film* werd in vier kranten besproken.**
The film was reviewed in four newspapers.

***De auto* is gisteren gerepareerd.**
The car was fixed yesterday. (Or: They fixed the car yesterday.)

The passive without emphasis on the object of the action

When the object of the action is indefinite, or when the action does not have an explicit object, the passive sentence begins with **er** (sometimes **hier** or **daar**). An *indefinite subject* of the passive sentence can follow the verb or other sentence parts. Examples, with the subjects in italics:

Er wordt *een huis* gebouwd.
A house is being built.

Er wordt naast ons *een huis* gebouwd.
A house is being built next door to us.

Er worden dit jaar in onze straat *twee huizen* gebouwd.
Two houses are being built on our street this year. (Or: They're going to build two houses on our street this year.)

Hier worden *schoenen* verkocht.
Shoes are sold here. (Or: They sell shoes here.)

Daar werd *een tango* gedanst.
They were dancing a tango there.

When there is no explicit object of the action, but only action going on, the passive sentence will also begin with **er**, followed by the passive auxiliary verb, other sentence parts (time, place, manner, other prepositional phrases), and the passive participle at the end of the sentence. Examples:

Er wordt geschoten.
There is shooting (going on).

Er wordt in de binnenstad geschoten.
There is shooting in the inner city.

Er werd gisteren in de binnenstad geschoten.
Yesterday, there was shooting going on in the inner city.

Er werd gisteren in de binnenstad vanuit een auto op een voorbijganger geschoten.
Yesterday in the inner city a bystander was shot at from a passing car.

The passive with emphasis on the agent of the action

When the agent of the action is relevant or important, it is included in the passive sentence by using the preposition **door**. Examples, with the agent in italics:

135

Het gebouw is *door Rem Koolhaas* ontworpen.
The building was designed by Rem Koolhaas.

Dit boek werd *door een beroemde schrijver* geschreven.
This book was written by a famous author.

Ik werd *door een butler* binnengelaten.
I was shown in by a butler. (Or: A butler showed me in.)

De zangeres werd *door een fantastische pianist* begeleid.
The singer was accompanied by a fantastic pianist.

The passive with modal verbs

When the passive construction contains a modal or other auxiliary verb, this auxiliary verb is the finite verb, while the passive auxiliary verb **worden** goes to the end of the sentence in its infinitive form. It can be placed on either side of the passive participle. In the examples below, the auxiliary verbs are in italics, and the alternatives in word order are separated by forward slashes. Both alternatives in word order are grammatically correct. However, the form with the passive participle at the end is more common in written Dutch, while the other form is more common in speech. This also applies to the examples further on in this unit.

De beesten *moeten* gevoerd worden/worden gevoerd.
The animals have to be fed.

De auto *moet* gewassen worden/worden gewassen.
The car needs to be washed.

Deze computer *kan* niet meer gerepareerd worden/worden gerepareerd.
This computer cannot be repaired anymore.

Het kind *wilde* niet geknuffeld worden/worden geknuffeld.
The child didn't want to be cuddled.

Het dak *zal* volgend jaar vernieuwd worden/worden vernieuwd.
The roof will be replaced next year.

The sentence **Het dak *zal* volgend jaar vernieuwd worden** is an example of the passive in the *future tense*. Sometimes, another modal verb is added to the construction. In that case, the form of **zullen** is the finite verb, while the additional modal verb is added to the infinitive group at the end of the sentence. The passive participle can appear either before or after the infinitive group. In the examples, the word order alternatives are separated by forward slashes:

Het dak *zal* niet meer gerepareerd kunnen worden/kunnen worden gerepareerd.
The roof will not be able to be fixed.

Deze moedervlek *zal* verwijderd moeten worden/moeten worden verwijderd.
This mole will have to be removed.

The auxiliary verb **zullen** is also used to form the **conditional** in the passive voice. The structure of the sentence is the same as in the sentences above. Examples:

Ik *zou* graag eens door een krant geïnterviewd worden/worden geïnterviewd.
I would like to be interviewed by a newspaper.

Ik *zou* voor dit doel nooit gefotografeerd willen worden/willen worden gefotografeerd.
I would never want to have my picture taken for this purpose.

Het huis *zou* eens opnieuw geschilderd moeten worden/moeten worden geschilderd.
The house should be painted again some time.

Word order in subordinated passive sentences

In non-complex passive structures in all four tenses, either the passive participle or the passive helping verb can be at the end of the sentence. Examples:

Er stond in de krant dat er een nieuw gemeentehuis *gebouwd wordt/wordt gebouwd*.
It said in the paper that a new city hall is being built.

Sanne zei dat haar vader gisteren *geopereerd is/is geopereerd*.
Sanne said that her father was operated on yesterday.

In complex passive structures with a modal or other auxiliary verb, the verb group at the end of the subordinated sentence can have two varieties in word order that are grammatically equally correct. Again, the alternative with the passive participle at the end is more common in written Dutch. Examples:

Ik geloof dat het huis *geschilderd moet worden/moet worden geschilderd*.
I believe the house needs to be painted.

Hij zei dat de televisie niet meer *gerepareerd kon worden/kon worden*
gerepareerd.
He said the television could not be fixed anymore.

Vind jij dat zulk gedrag *getolereerd mag worden/mag worden getolereerd?*
Do you think such behavior can be tolerated?

In complex passive structures with more than one modal verb, the passive
participle can be at the beginning or at the end of the verb group.

In de krant staat dat er een nieuw gemeentehuis *gebouwd zal moeten*
worden/zal moeten worden gebouwd.
It says in the paper that a new city hall will have to be built.

Hij zegt dat hij vanmiddag liever niet *gestoord zou willen worden/zou*
willen worden gestoord.
He says that he'd rather not be disturbed this afternoon.

De voorzitter zei dat de motie niet *aangenomen zou kunnen worden/zou*
kunnen worden aangenomen.
The chairman said that the motion could not possibly be accepted.

Usage

The passive construction is very common in Dutch, much more so than in
English where it is often dismissed as bad use of grammar. In Dutch, it is
often used in formal language such as in newspaper articles or other news
reports. Especially when the agent of an action is not important or not
(yet) known, we prefer to use the passive voice. The following exercises
should help you develop a better understanding of the usage of this rather
difficult structure.

Exercise 20.1

When we talk about what is typically done in certain places in a general
meaning, we like to use the passive voice. For example:

Wat wordt er in een bakkerij gedaan?
Er wordt brood gebakken en verkocht.

1 Wat wordt er in een schoenenwinkel gedaan? (schoenen verkopen)
2 Wat wordt er in een laboratorium gedaan? (onderzoek doen)
3 Wat wordt er in een drukkerij gedaan? (kranten drukken)
4 Wat wordt er in een bibliotheek gedaan? (boeken lenen)
5 Wat wordt er in het Stedelijk Museum gedaan? (schilderijen bekijken)

Exercise 20.2

As mentioned before, the passive voice is often used in formal language, in newspaper articles and news broadcasts, to talk about historical facts, and so on. So in this exercise, decide which of the two sentences you are more likely to find in the paper, on the news, in a history book, or in a museum guide.

1a Een hartspecialist gaat de minister-president volgende week opereren.
1b De minister-president wordt volgende week geopereerd.
2a Er was gisteren een burenruzie in de Leliestraat. Er werden twee mensen gearresteerd.
2b Er was gisteren een burenruzie in de Leliestraat. Men heeft twee mensen gearresteerd.
3a Men heeft dit stuk land in de vijftiger jaren drooggelegd.
3b Dit stuk land is in de vijftiger jaren drooggelegd.
4a Met dit soort hout werden vroeger Friese klokken gemaakt.
4b Met dit soort hout maakte men vroeger Friese klokken.
5a Al sinds 1980 heeft niemand meer op dit orgel gespeeld.
5b Dit orgel is al sinds 1980 niet meer bespeeld.

Exercise 20.3

In this exercise, read the newspaper article and underline the passive constructions.

Scholier ernstig gewond na aanrijding

Van onze verslaggever – Een zestienjarige fietser is gisteren met ernstige verwondingen naar het ziekenhuis gebracht nadat hij op de St. Jansstraat door een automobilist was aangereden. Bij de automobilist werd ter plekke een blaastest gedaan, waarbij vastgesteld werd dat de man te veel alcohol in zijn bloed had. Door een getuige, die het ongeval had gezien, werd bevestigd dat de automobilist de fietser voorrang had moeten verlenen. Er wordt nog een onderzoek naar de toedracht van het ongeval ingesteld. De fietser, die op weg was naar school, verkeert nog in kritieke toestand.

Exercise 20.4

Change the active sentence into a passive sentence. Watch for different tenses. Example:

Example: **Harry Mulisch schreef *De ontdekking van de hemel*.**
De ontdekking van de hemel werd door Harry Mulisch geschreven.

1 Klaas Korteweg ontwerpt de nieuwe stadsbibliotheek.
2 Rembrandt heeft dit schilderij geschilderd.
3 UPS bezorgt uw bestelling bij u thuis.
4 De koningin begroette de Russische president op het vliegveld.
5 Ronald de Boer scoorde het eerste doelpunt in de derde minuut.

Exercise 20.5

Peter and Karin are giving a party for their friends. Erik and Sanne are giving them instructions to make sure everything will run smoothly and there won't be a mess afterwards. Write the sentences using passive constructions with **mogen** and **moeten**.

Example: **lekkere hapjes maken**
Er moeten lekkere hapjes gemaakt worden.

1 twee kratten bier kopen
2 binnen niet roken
3 geen luide muziek spelen
4 de kamer opruimen
5 de glazen afwassen
6 de meisjes naar huis brengen

Exercise 20.6

Erik and Sanne are talking about what needs to be done around the house. Write the sentences in the passive construction using the conditional. Follow the example:

de zolder opruimen
De zolder zou opgeruimd moeten worden.

1 de raamkozijnen verven
2 de moestuin omspitten
3 de tent repareren
4 de kelder schoonmaken
5 de vakantiefoto's inplakken

Exercise 20.7

Typically, when the agent of an action is not important or not yet known, a report on the action might be written or spoken in the passive voice. After a robbery, the police might be gathering information as to what was done, since they don't yet know whodunit. In this report, write sentences in the passive (imperfect) using the words between brackets. When the subject of your sentence is indefinite, begin with **Er**.

Example: **glas in de voordeur – breken**
           Het glas in de voordeur werd gebroken.

1 de safe – openmaken   4 een open fles wijn – leegdrinken
2 geen geld – stelen   5 geen vingerafdrukken – vinden
3 alle juwelen – meenemen

UNIT TWENTY-ONE
Infinitive constructions

Introduction

In Unit 22 of *Basic Dutch*, we discussed verbs that are combined with an infinitive construction, either with or without **te**. Building on the information of that chapter, this unit introduces you to more complicated infinitive constructions.

Piling up the infinitives

A much quoted sentence and a delight (or a terror) to students of Dutch every time it is used as an example, is the sentence **Jan zou Piet wel eens hebben willen zien durven blijven staan kijken** 'Jan would have liked to see Piet have the guts to stay, standing, looking'. This sentence with seven infinitives (see *Algemene Nederlandse Spraakkunst*, page 1066) is difficult to translate into English without making the translation sound awkward. However, as a Dutch sentence, it is grammatically perfectly correct, and a Dutch person might not even blink an eye upon hearing it. While sentences with seven infinitives are far from common in Dutch, those with at least two are quite normal. In this unit, we will take it up to as many as four. See also the units on the conditional, separable verbs, and the passive for more information on word order in large verb groups.

Two infinitives

A construction with two infinitives at the end of a main sentence is quite common in the *present perfect* of sentences with a modal auxiliary verb or a verb that can function as such. Proper modal verbs are **kunnen, mogen, moeten, willen, zullen**. Those that can function as a modal verb are **laten, gaan, komen, blijven, zijn, horen, zien, voelen**. Examples:

Erik <u>heeft</u> **niet** *kunnen komen.*   Erik wasn't able to come.
Hij <u>heeft</u> **de auto** *laten repareren.*   He had the car fixed.
Ik <u>is</u> **gisteren** *blijven eten.*   Johan stayed for dinner yesterday.
Ik <u>heb</u> **dat** *voelen aankomen.*   I could feel that that was coming.
Ik <u>heb</u> **jou nog nooit** *zien dansen.*   I have never seen you dance.

Note that the present perfect helping verb is the conjugated verb in second place, the modal verb is the first infinitive, and the infinitive of the main verb comes last.

The verb zullen **with two infinitives**

The *future tense* of a sentence with a modal auxiliary verb (often used in the form of a hypothesis with **wel**) has two infinitives at the end. Also, a sentence with **zou** in the *conditional* combined with a modal verb has two infinitives at the end.

Hij <u>zal</u> **(wel) niet** *kunnen komen.*   He (probably) won't be able to come.

Ze <u>zal</u> **het niet** *hebben begrepen.*   She probably didn't understand.
Ik <u>zou</u> **die auto** *laten repareren.*   I would have that car fixed.
We <u>zouden</u> **graag** *willen komen.*   We would very much like to come.

Three infinitives

When you combine any two of the modal auxiliary verbs from above with a main verb, and when you put such a combination in the *present perfect*, you end up with a sentence with three infinitives at the end. First, some examples in the *present tense*:

Johan kan niet blijven eten.   Johan cannot stay for dinner.
Erik wil de auto niet laten   Erik doesn't want to have the car
repareren.   fixed.
Sanne kan dat zien aankomen.   Sanne can see that coming.

Next, you see the same sentences in the *present perfect*:

Johan <u>heeft</u> **niet** *kunnen blijven eten.*
Johan couldn't stay for dinner.

Erik <u>heeft</u> **de auto niet** *willen laten repareren.*
Erik didn't want to have the car fixed.

Sanne <u>heeft</u> dat *kunnen zien aankomen*.
Sanne could see that coming.

Note the consistency in the word order. The helping verb of the present perfect **hebben** is the conjugated verb in second place. Within the infinitive group, the proper modal verb comes first, the verb that can function as a modal verb comes second, and the main verb is always last. Sentences with two modal auxiliary verbs in the present perfect are less common in speech. In speech, we prefer to use the simple past of the modal verb:

Johan *kon* niet blijven eten.	Johan couldn't stay for dinner.
Erik *wilde* de auto niet laten	Erik didn't want to have the car
repareren.	fixed.
Sanne *kon* dat zien aankomen.	Sanne could see that coming.

The sentences with **zullen** in the future tense (again, in the form of a hypothesis with **wel** or **misschien**) can also combine a group of three infinitives at the end.

Johan <u>zal</u> wel niet *kunnen blijven eten*.
Johan probably can't stay for dinner.

Erik <u>zal</u> misschien niet *willen gaan vissen*.
Maybe Erik won't want to go fishing.

Sentences with **zou** in combination with one modal verb and a main verb have three infinitives at the end of the sentence when used in the *past perfect*.

Erik <u>zou</u> graag *hebben willen vissen*.	Erik would have liked to fish.
Ik <u>zou</u> *hebben moeten werken*.	I should have worked.

Note that such sentences are less common in speech. Instead of using **zou** with three infinitives at the end, we might use the proper past perfect form: **had** with two.

Erik <u>had</u> graag *willen vissen*.	Erik would have liked to fish.
Ik <u>had</u> *moeten werken*.	I should have worked.

However, sentences with **zou** in combination with two modal verbs and a main verb in fantasy or wishful thinking or in a friendly (or formal) question or suggestion are quite common in Dutch, in speech and writing. See also the chapter on the conditional.

We <u>zouden</u> *kunnen gaan vissen*.   We could go fishing.
Je <u>zou</u> hier *moeten kunnen roken*.   One should be allowed to smoke
here.
<u>Zou</u> je *willen blijven eten*?   Would you like to stay for dinner?
Je <u>zou</u> je haar eens *moeten laten*   You should have a haircut.
***knippen*.**

Four infinitives

Less common in speech, but certainly possible, are sentences with **zou** in combination with two modal verbs and one main verb in the *past perfect*. These sentences are used in wishful thinking or fantasies about a past that cannot be changed anymore, or in very friendly 'after the fact' advice, telling someone what one should have done, but didn't.

Ik <u>zou</u> die groep *hebben willen zien spelen*.
I would have liked to see that band play.

We <u>zouden</u> *hebben kunnen gaan vissen*.
We could have gone fishing.

Je <u>zou</u> die auto *hebben moeten laten repareren*.
You should have had that car fixed.

In speech, we would probably prefer to use the proper past perfect form with **had** and three infinitives.

Ik <u>had</u> die groep *willen zien spelen*.
We <u>hadden</u> *kunnen gaan vissen*.
Je <u>had</u> die auto *moeten laten repareren*.

Note that in a sentence with four infinitives at the end, the order is as follows: First, the helping verb of the past perfect, here as an infinitive, then the modal verb, then the verb that can be used as such, and lastly the main verb.

Subordinated sentences with one or more infinitives

In a subordinated sentence with a larger infinitive group at the end, the word order is nearly the same as in the main sentence, with one exception: If the verb group has only two verbs in it, that is one modal verb and one main verb, the word order can be twofold. However, the preferred form is the one with the modal verb first. Examples:

Erik zegt dat hij *moet werken.* Erik says that he has to work.
Alternative: **Erik zegt dat hij *werken moet.***

While the second sentence is grammatically perfectly correct, it is not common in speech, it is considered to be less modern. Also, it contradicts the rule we have demonstrated all along, that the main verb (which carries the main information) must come at the end. Therefore, you will see that that same word order rule also applies to subordinated sentences. Examples, with the helping verbs underlined, and the infinitive groups in italics:

Erik zegt dat hij <u>heeft</u> *moeten werken.*
Erik says that he (has) had to work.

Erik zegt dat hij liever <u>was</u> *gaan vissen.*
Erik says that he'd rather have gone fishing.

Johan zegt dat hij niet <u>heeft</u> *kunnen blijven eten.*
Johan says that he couldn't stay for dinner.

Sanne zegt dat ze dat <u>zou</u> *hebben willen kunnen zien.*
Sanne says that she would have liked to be able to see that.

As mentioned before, a sentence with seven infinitives at the end is a rarity in Dutch. But those with up to four are certainly possible and might appear frequently in the conditional with **zou**. They are difficult to translate into English, because they have a certain economy or efficiency to them that cannot easily be translated.

Exercise 21.1

Put the sentences into the present perfect.

Situation: What did Erik do this weekend?

1 Erik laat zijn haar lekker kort knippen.
2 Hij gaat met een vriend zwemmen.
3 Ze blijven in de kantine van het zwembad een biertje drinken.
4 Erik moet de boodschappen doen.
5 Erik laat Peter brood voor het weekend halen.

Exercise 21.2

Put the sentences into indirect speech.

1 Sanne: Ik kan de buurman horen snurken.
Sanne zegt, _____
2 Peter: Ik wil naar deze film blijven kijken.
Peter zegt, _____
3 Karin: Mag Aysha vanavond komen eten?
Karin vraagt, _____
4 Erik: Ik heb de auto niet kunnen laten repareren.
Erik zegt, _____
5 Sanne: Ik zou Peter wel weer eens willen zien voetballen.
Sanne zegt, _____

Exercise 21.3

Change the direct imperative form into a more formal, more friendly advice using **zou** with either **moeten** or **kunnen** and the necessary string of infinitives.

Situation: Sanne is giving Karin, who has been feeling tired and down lately, advice on a better lifestyle.

1 Blijf niet altijd zo lang beneden televisie kijken (moeten).
2 Ga eens wat vaker met Aysha sporten (kunnen).
3 Laat al die chips en zoutjes nu eens een keer staan (moeten).
4 Kom eens wat vaker gezellig met me in de tuin werken (kunnen).
5 Laat je haar weer eens lekker kort knippen (kunnen).

Exercise 21.4

Now put the sentences from Exercise 3 into indirect speech, beginning with **Sanne zegt . . .**, **Sanne vindt . . .**, **Sanne stelt voor . . .**, etc.

UNIT TWENTY-TWO
Verb tenses

Introduction

In Units 1, 18, and 19 of *Basic Dutch*, we discussed verbs in the present tense, in the present perfect, and in the simple past (or imperfect) tense. This unit includes the past perfect, and it discusses the various ways in which the past tenses are used.

Verb forms in the present tense

For all tenses, we use a weak and a strong verb as examples: **werken** and **rijden**. In the table below, the left column lists the personal pronouns in the singular and the plural. Since there is only one plural form, we use only one row for the plural. For an overview in more detail, check Units 1, 18 and 19 in *Basic Dutch*.

Personal pronouns	**werken**	**rijden**
ik	**werk**	**rijd**
jij/je, u	**werkt (werk je?)**	**rijdt (rijd je?)**
hij, zij/ze, het	**werkt**	**rijdt**
wij/we, jullie, zij/ze	**werken**	**rijden**

Verb forms in the simple past (imperfect) tense

For both weak and strong verbs in the simple past tense, there is one form for the singular and one for the plural. Typically, in strong verbs the stem vowel changes. The simple past ending for weak verbs is always **-te** or **-de** in the singular and **-ten** or **-den** in the plural. If the stem of the verb ends in **p**, **t**, **k**, **f**, **s**, and **ch**, the simple past form of the verb ends in **-te** or **-ten**. All other weak verbs form their simple past tense with the ending **-de** or **-den**. Check Unit 19 in *Basic Dutch* for more details.

Verb
forms
in the
present
perfect
tense

Personal pronouns	werken	rijden
ik, jij/je, u, hij, zij/ze, het	werkte	reed
wij/we, jullie, zij/ze	werkten	reden

Verb forms in the present perfect tense

The present perfect forms are different within the singular, because the form consists of a helping verb, **hebben** or **zijn**, and a past participle. The plural forms are the same.

Personal pronouns	werken	rijden
ik	heb gewerkt	heb gereden
jij/je, u	hebt gewerkt	hebt gereden
hij, zij/ze, het	heeft gewerkt	heeft gereden
wij/we, jullie, zij/ze	hebben gewerkt	hebben gereden

The *past participles* of *weak* verbs are formed with the prefix **ge-** and the ending **-t** or **-d**, depending on the end consonant of the stem of the verb; if the stem of the verb ends in **p**, **t**, **k**, **f**, **s**, and **ch**, the past participle will end in **-t**. All others end in **-d**. Past participles of *strong* verbs are also formed with the prefix **ge-**, but they end in **-en**, and in most cases the stem vowel changes. If the infinitive is a *separable verb*, the prefix **ge-** is not placed at the beginning of the participle, but in the middle, between the separable prefix and the stem of the verb. The past participle of **opbellen** 'to call', for example, is **op*ge*beld**, and **aankomen** 'to arrive' becomes **aan*ge*komen**. Weak and strong verb infinitives beginning with **be-**, **er-**, **ge-**, **her-**, **ont-** and **ver-** form their past participle without **ge-**. These are the *inseparable* verbs. The past participle of **betalen**, for instance, is **betaald**, and the past participle of **beginnen** is **begonnen**.

For examples in more detail, check Unit 18 of *Basic Dutch*.

Most verbs use **hebben** to form the present perfect tense, and some use **zijn**. A verb takes **zijn** when it expresses motion from one place to another or change in condition or form. The present perfect of

Erik rijdt naar Groningen.   Erik drives to Groningen.

therefore is

Erik *is* naar Groningen gereden.

and

Het kind groeit.   The child grows.

149

becomes

Het kind *is* gegroeid.

Check Unit 18 in *Basic Dutch* for more details.

Verb forms in the past perfect tense

Similar to the verb forms in the simple past (imperfect) tense, the past perfect has only two forms, one for the singular and one for the plural.

Personal pronouns	werken	rijden
ik, jij/je, u, hij, zij/ze, het	**had gewerkt**	**had gereden**
wij/we, jullie, zij/ze	**hadden gewerkt**	**hadden gereden**

In the past perfect tense, the rules for the formation of the past participle are the same as for the present perfect. Also, the rules for whether the verb uses **hebben** or **zijn** are the same. The only difference lies in the way we use the past perfect and the other past tenses, and that is the topic of the following sections of this unit.

The use of different verb tenses

Read the following little story and see how the verb tenses are used, and ask yourself what the motivation for these different uses is.

Situation: A little story about Erik

Erik woont in Hardegarijp. Hij werkt in Leeuwarden. Meestal gaat hij met de auto naar zijn werk, maar soms neemt hij de bus of de trein. Toen hij in Groningen studeerde en niet getrouwd was, ging Erik overal op de fiets naartoe. Voordat Erik in Groningen ging studeren, had hij nog nooit in een grotere stad gewoond. Erik vond het studentenleven in de stad heerlijk, maar toen hij zijn studie afgemaakt had en met Sanne trouwde, wilde hij weer in een dorp wonen. Erik en Sanne wonen nu al tien jaar in Hardegarijp. Maar ze zijn al twee keer binnen het dorp verhuisd, de eerste keer van hun kleine bovenwoning naar een eengezinshuis en een paar jaar later naar een oude boerderij. Die hebben ze helemaal verbouwd. Vorig jaar hebben ze er een nieuw dak op laten zetten. Volgend jaar willen ze de keuken uitbouwen.

Erik lives in Hardegarijp. He works in Leeuwarden. Most of the time, he drives to work, but sometimes he takes the bus or the train. When he studied in Groningen and wasn't married, he cycled everywhere.

Before Erik went to study in Groningen, he had never lived in a big city before. Erik really enjoyed student life in the city, but after he finished his studies and married Sanne, he wanted to live in a small town. Erik and Sanne have lived in Hardegarijp for ten years now. But they have moved twice within the same town, first from a small flat to a single family house, and a few years later to an old farm. They have completely renovated the farm. Last year, they had a new roof put on. Next year, they want to extend the kitchen.

The present tense

The present tense is used for things and events happening in the present tense (see example 1 below). It is also used for things happening in the present tense that have been going on for a while (see example 2 below). Thirdly, we use it for things we do on a regular basis, often in combination with adverbs that express such regularity (see example 3 below), and lastly, we use it to talk about the future, often with the verb **gaan** or with adverbs that express future time (see example 4 below). Examples:

1 **Erik woont in Hardegarijp.**
  Erik lives in Hardegarijp.
2 **Erik en Sanne wonen al tien jaar in Hardegarijp.**
  Erik and Sanne have lived in Hardegarijp for ten years.

Note: English would use the present perfect here. In Dutch, for such situations you have to use the present tense.

3 **Meestal gaat hij met de auto naar zijn werk.**
  He usually goes to work by car.
4 **Volgend jaar willen ze de keuken uitbouwen.**
  Next year, they want to extend the kitchen.

An alternative for sentence 4 would be: **Volgend jaar gaan ze de keuken uitbouwen**, or simply: **Volgend jaar bouwen ze de keuken uit**.

The simple past (or imperfect) tense

The simple past is mainly used to narrate a series of events in the past or things that happened on a regular basis in the past. Examples:

Vroeger *gingen* we een paar keer per jaar naar opa en oma. We *bleven* meestal een week logeren. We *gingen* met opa en oma naar de kust,

of ze _namen_ ons mee naar de stad om ijs te eten, en soms _mochten_ we met opa mee naar zijn werkplaats. Met oma _ging_ ik vaak mee bood-schappen doen. Dat _vond_ ze fijn, want ik _kon_ haar helpen de tassen te dragen.

We used to visit grandpa and grandma once or twice a year. Usually, we would stay a week. We'd go to the coast with grandma and grandpa, or they'd take us to the city to eat ice cream, and sometimes we were allowed to go to grandpa's workshop. I often went shopping with grandma. She liked that, because I was able to help her carry the bags.

Oftentimes, the listener's attention is first drawn to the past with a sentence in the _present perfect_, upon which the event itself is described in the simple past tense. Example:

Gisteren <u>heb</u> ik een huis <u>bekeken</u>. Het _was_ een deel van een twee-onder-één-kap. Er _lag_ een grote tuin achter, en het huis _had_ een eigen garage. De vrouw die er nu woont, _liet_ me alles zien. Ik _vond_ het een schitterend huis.

Yesterday I looked at a house. It was part of a duplex. There was a big garden at the back, and the house had its own garage. The woman who lives there now, showed me everything. I thought it was a gorgeous house.

The simple past tense is also used to imagine a possible future. Examples:

Als het niet _regende, konden_ we wandelen.
If it didn't rain, we could go for a walk.

Als Erik het geld _had, kocht_ hij die auto meteen.
If Erik had the money, he'd buy that car right away.

See also the unit on the conditional for more examples in detail.

The present perfect tense

While the simple past is used to narrate a string of (isolated or regular) events in the past, the present perfect tense is used to talk about isolated events in the past that are linked to the present. The speaker is talking from the perspective of the present, and the listener is not taken to the past, but listens also from the perspective of the present. While sentences in the simple past are more descriptive of a more clearly defined period in the past, sentences in the present perfect always carry a certain relevance for the present. Note the difference between the following possible statements by Erik:

a **Ik** *heb* **in Groningen** *gestudeerd.*
b **Ik** *studeerde* **in Groningen.**

In sentence a, the possible situation is that Erik is in a job interview and he is giving the interviewer information that is relevant for the present moment. The listener is not taken into the past. Erik wouldn't have the same effect with sentence b. Sentence b just gives a recount of a period in Erik's past, and it might be in a conversation with a friend in the context of life stories being told. The sentence could be followed by **... toen ik Sanne** *ontmoette* 'when I met Sanne'. Another example:

Ik *heb* **een nieuwe fiets** *gekocht.* **Kijk, het licht is nu al kapot. Toen ik hem** *kocht,* **werkte alles perfekt.**
I bought a new bike. Look, the light is already broken. When I bought it, everything worked perfectly.

Buying the bike is an isolated event in the past, told from the perspective of the present. The present moment is the broken light being shown to the listener. In the sentence **Toen ik hem kocht ...**, the listener is taken into the past, and the speaker is describing the past moment. Sentences beginning with the subordinating conjunction **toen** describing the past, therefore, should be in the simple past, not in the present perfect. Another example:

Erik en Sanne *hebben* **de boerderij** *verbouwd.*
Erik and Sanne have remodeled the farm.

The present perfect is typically used to talk about completed actions with a lasting effect in the present. Sentences in the present perfect point to a result. Other such examples are:

Ik *ben* **bij de dokter** *geweest.*
I was at the doctor's (so now I know what's wrong).

Ik *heb* **een nieuwe bril** *gekocht.*
I bought new glasses (so now I can see better).

Ik *heb* **het hele huis** *schoongemaakt.*
I cleaned the whole house (so now it is clean).

The present perfect tense is also used to talk about the future. The sentence in the present perfect is about an event or action that must be completed before the action of the main sentence can take place. This is also a form of the conditional.

Ik bel je op als ik je essay *heb gelezen*.
I'll call you after I have read your essay.

Zodra we dat bloemperk *omgespit hebben*, kunnen de bollen erin.
As soon as we've turned the soil of that flower bed, the bulbs can go in.

The past perfect tense

The past perfect tense is used to talk about a past event from the perspective of another past event. Take as examples the sentences from Erik's story:

Voordat Erik in Groningen ging studeren, *had* hij nog nooit in een grotere stad *gewoond*. Toen hij zijn studie *afgemaakt had* en met Sanne trouwde, wilde hij weer in een dorp wonen.

The different tenses in the sentences are used to create a chronology of past events. What happened before the event in the simple past (**ging studeren**, **met Sanne trouwde**), must be put in the past perfect. Another example:

Gisteren kwam ik Lydia tegen. Die *was* net bij de kapper *geweest*.
Yesterday I ran into Lydia. She had just been to the hairdresser's.

Lydia's haircut happened before the speaker ran into her.
    The past perfect is also used to reflect on past events that could have happened, but did not and never will, or events that did happen but should not have. Examples:

Als hij niet zo duur *was geweest*, *had* ik die ketting *gekocht*.
If it hadn't been so expensive, I would have bought that necklace.

Als ik *geweten had* dat de winkel dicht zou zijn, *was* ik er niet heengefietst.
If I had known the store was closed, I wouldn't have cycled there.

Sentences with nadat

A sentence beginning with the subordinated conjunction **nadat** must be either in the present perfect or in the past perfect. If it is in the past perfect, the main sentence must be in the simple past, and the action of the sentence takes place in the past (see sentence 1 below) . If it is in the present perfect, the main sentence must be in the present tense, and the action of the sentence takes place in the future (see sentence 2 below). Note the difference:

1 **Nadat Erik het huis *verbouwd had*, trokken hij en Sanne erin.**
   After Erik had remodeled the house, he and Sanne moved in.
2 **Nadat Erik het huis *verbouwd heeft*, trekken hij en Sanne erin.**
   After Erik has remodeled the house, he and Sanne will move in.

Sentence 1 looks back on the past, while sentence 2 looks to the future. In sentence 2, Erik is still remodeling. In sentence 1, the remodeling has long been finished and Erik and Sanne have lived there for some time.

Exercise 22.1

Which sentence is logical to follow the first, sentence a or b?

1 Gisteren at Peter zijn eerste zoute haring.
  a Hij heeft nog nooit haring gegeten.
  b Hij had nog nooit haring gegeten.
2 Sanne had vorige week griep.
  a Erik kookte de hele week.
  b Erik heeft de hele week gekookt.
3 Karin is bij de oogarts geweest.
  a Ze heeft een nieuwe bril nodig.
  b Ze had een nieuwe bril nodig.
4 Nadat Peter zijn huiswerk voor wiskunde had gedaan,
  a heeft hij Johan opgebeld om de antwoorden te vergelijken.
  b belde hij Johan op om de antwoorden te vergelijken.
5 Erik: Ik kan je alles over Groningen vertellen.
  a Ik woonde er zes jaar.
  b Ik heb er zes jaar gewoond.
6 Johan: Heb je gisteren nog naar voetbal gekeken?
  a Peter: Nee, ik heb die wedstrijd niet gezien.
  b Peter: Nee, ik zag die wedstrijd niet.
7 Als Erik niet in Groningen gestudeerd had,
  a ontmoette hij Sanne nooit.
  b had hij Sanne nooit ontmoet.
8 Karin: Pap, waar is deze foto gemaakt?
  a Erik: In Spanje, toen we daar op huwelijksreis waren.
  b Erik: In Spanje, toen we daar op huwelijksreis zijn geweest.
9 Sanne: Karin, ik wil graag dat je de tafel dekt,
  a als je je huiswerk hebt gemaakt.
  b als je je huiswerk maakte.

10 Sanne: Ben je vanmorgen nog op tijd op die vergadering gekomen?
  a Erik: Nee, ze zijn al begonnen.
  b Erik: Nee, ze waren al begonnen.

Exercise 22.2

In each sentence, enter the correct form of **hebben** or **zijn**.

1 Joost studeert nu al drie jaar biologie. Daarvoor _____ hij een jaar
  psychologie gestudeerd. Maar dat vak _____ niks voor hem.
2 Toen ik in Aruba was, heb ik een iguana gezien. Ik _____ nog nooit
  zo'n beest van dichtbij bekeken. Een iguana _____ een soort
  hagedis, maar dan veel groter.
3 Erik en Sanne kwamen gisteren bij ons op bezoek. Ze _____ naar de
  Pasar Malam geweest en ze _____ allerlei leuke dingen gekocht die
  ze ons lieten zien.
4 Toen we gisteren op het voetbalveld kwamen, _____ de spelers van
  het andere team nog niet gearriveerd. We _____ een half uur moeten
  wachten.
5 Ik _____ volgende week geen tijd om te komen want dan _____ ik
  in Brussel.
6 Als we _____ geweten dat Engeland tegenwoordig zo duur _____,
  dan _____ we naar een ander land op vakantie gegaan.
7 Erik _____ vorige week in London geweest. Hij _____ daar met collega's op een congres.
8 Waar _____ jullie vorige zomer gekampeerd, toen jullie in Frankrijk
  _____?
9 Net nadat Sanne haar slaplantjes in de grond gezet _____, begon het
  te regenen.
10 Wie van jullie deze oefening afgemaakt _____, kan alvast met de oefening op de volgende bladzij beginnen. Dat _____ een oefening over
   de voltooid verleden tijd.

Exercise 22.3

Turn each sentence pair into one sentence using **nadat**. Make sure to use
the correct verb tenses. The sentence pair will tell you what the verb tense
should be.

Example: **Eerst doe ik de boodschappen. Dan kook ik de soep.**
         Nadat ik de boodschappen heb gedaan, kook ik de soep.

1 Eerst las ik m'n email. Toen ging ik aan het werk.
2 Eerst zet je je tent op. Dan leg je de luchtbedden erin.
3 Eerst haalde Erik Sanne op. Toen gingen ze naar het restaurant.
4 Eerst repareren we jouw lekke band. Dan kunnen we naar school fietsen.
5 Eerst ging de storm liggen. Toen konden we de schade beoordelen.

UNIT TWENTY-THREE
Prepositions

Introduction

In Unit 25 of *Basic Dutch*, we discussed prepositions in groups according to their function and meaning: time, place, manner, reason, possession. This unit lists examples of some commonly used verbs with prepositions and some fixed expressions combining nouns, adjectives and adverbs with prepositions. The prepositions are listed in alphabetical order, each with the corresponding verbs and some sample sentences. When the verb is reflexive, the reflexive pronoun is abbreviated to **z.** (=**zich**). For reasons of space, we limit ourselves to only a few examples for each.

Verbs with prepositions

aan

denken aan	think about	**z. ergeren aan**	be annoyed
deelnemen aan	participate in	**z. herinneren aan**	remember
lijden aan	suffer from	**twijfelen aan**	doubt

Peter neemt aan een toernooi deel.	Peter participates in a tournament.
Erik ergert zich aan het verkeer.	Erik is annoyed by the traffic.

bij

z. aansluiten bij	join	**betrekken bij**	involve in
passen bij	fit, match	**stilstaan bij**	think, ponder
horen bij	belong to	**zweren bij**	swear by

Hij was niet betrokken bij dat ongeluk.	He wasn't involved in that accident.
Daar heb ik nooit bij stilgestaan.	I never thought about that.

in

berusten in	acquiesce in	**delen in**	share
opgaan in	be absorbed in	**slagen in**	succeed
geloven in (aan)	believe	**z. vergissen in**	err

Hij gaat helemaal op in zijn werk. He's totally absorbed in his work.
Ik heb me in de datum vergist. I was wrong about the date.

met

beginnen met	start with	**z. bemoeien met**	interfere
eindigen met	end with	**spotten met**	mock
breken met	break with	**vergelijken met**	compare

Bemoei je met je eigen zaken!
Mind your own business!

Je mag niet met iemands handicap spotten.
Don't make fun of someone's handicap.

naar

aarden naar	be like	**kijken naar***	watch
streven naar	strive for	**verlangen naar**	long for
raden naar	guess	**zoeken naar**	look for

Hij aardt naar zijn vader. He is just like his father.
Ik verlang naar de vakantie. I'm longing for the break.

*Note: Many other things we do with our senses take the preposition **naar**: **hongeren naar** 'hunger for', **luisteren naar** 'listen to', **ruiken naar** 'smell like', **smaken naar** 'taste like'.

om

bidden om	pray for	**denken om**	think about
lachen om*	laugh about	**rouwen om**	mourn for
geven om	care for	**vragen om**	ask for

Denk je om je medicijnen? Remember to take your medication.
De man op straat vroeg om een vuurtje. The man in the street asked for a light.

*Note: Many verbs that express an emotion take the preposition **om**: **huilen om** 'cry for', **malen om** 'not care about', **smeken om** 'beg for', etc.

op

antwoorden op	answer to	**hopen op**	hope for
lijken op	resemble	**z. verheugen op**	look forward to
letten op	pay attention	**wachten op**	wait for

Kun je even op m'n bagage letten? Can you watch my luggage for a moment?

We verheugen ons op de vakantie. We look forward to the break.

over

beslissen over	decide about	**klagen over**	complain
oordelen over	judge	**praten/spreken over**	talk
(na)denken over	ponder	**z. verbazen over**	be amazed

Mijn buurman klaagde over mijn muziek.
My neighbor complained about my music.

Waar praten jullie over?
What are you talking about?

Note: Many verbs expressing thinking, talking, or having an opinion take this preposition.

tegen

beschermen tegen	protect	**kunnen tegen**	tolerate
ruilen tegen	exchange	**vechten tegen**	fight
protesteren tegen	protest	**waarschuwen tegen**	warn

Peter kan niet tegen de hitte. Peter doesn't tolerate the heat.
We werden tegen harde wind gewaarschuwd. They alerted us to strong winds.

tot

behoren tot	belong to	**dwingen tot**	force to
veroordelen tot	sentence		

Dit dier behoort tot de zoogdieren. This animal belongs to the mammals.

De dief werd tot twee jaar veroordeeld.	The thief was sentenced to two years in prison.

uit

afleiden uit	deduct	**bestaan uit**	consist of
ontstaan uit	develop		

Wat wil je daaruit afleiden?	What do you want to conclude from that?
Dit programma bestaat uit drie delen.	This program consists of three parts.

van

afhangen van	depend	**balen van**	be fed up with
houden van	love, like	**scheiden van**	separate
genieten van	enjoy	**verdenken van**	suspect

Dat hangt van het weer af.	That depends on the weather.
Die man wordt van diefstal verdacht.	That man is suspected of theft.

voor

bedanken voor	thank for	**z. interesseren voor**	be interested in
sparen voor	save for	**vluchten voor**	flee from
pleiten voor	plea for	**zorgen voor**	care for

Peter spaart voor een nieuwe scooter.	Peter is saving for a new scooter.
Interesseer je je voor politiek?	Are you interested in politics?

Adjectives and adverbs with prepositions

This section gives sample sentences with fixed combinations of adjectives and adverbs with prepositions. Included in the examples are past participles with prepositions. Again, for reasons of space we must limit ourselves to some commonly used fixed expressions.

Deze grond is *rijk aan* mineralen.	This soil is rich with minerals.
Ben je al *gewend aan* je nieuwe baan?	Are you used to your new job yet?

Note: The verb is **wennen aan** 'get used to'.

161

Karin is erg *gehecht aan* haar kat.	Karin is very attached to her cat.
Sanne is *verslaafd aan* chocola.	Sanne is addicted to chocolate.
Erik is *geïnteresseerd in* schaak.	Erik is interested in chess.
Ik ben *teleurgesteld in* m'n baas.	I am disappointed in my boss.
Peter is *met* z'n huiswerk *bezig*.	Peter is doing his homework.
Ben je *blij met* die nieuwe mixer?	Are you happy with that new mixer?
Sanne is *klaar met* haar werk.	Sanne has finished her work.
Erik is niet *tevreden met* z'n salaris.	Erik is not satisfied with his salary.
Karin is *benieuwd naar* haar cijfer.	Karin is curious about her grade.
Erik is *bezorgd om* oma Beumer.	Erik is worried about grandma Beumer.
Sanne is *boos/kwaad op* de hond.	Sanne is angry with the dog.
Peter is *gek op* oude kaas.	Peter is crazy about mature cheese.
Ben jij *jaloers op* je vriendin?	Are you jealous of your girlfriend?
Ik ben heel *trots op* mijn scooter.	I'm very proud of my scooter.
Peter is *verliefd op* Tina.	Peter is in love with Tina.
Ben je daar *verbaasd over?*	Are you surprised about that?
Nee, ik ben er *verdrietig over.*	No, I'm sad about it.
Is die kat *immuun tegen/voor* rabiës?	Is that cat immunized against rabies?
De agent was *vriendelijk tegen* mij.	The cop was nice to me.
Zij is *afhankelijk van* haar man.	She is dependent on her husband.
Ben je *bang van/voor* honden?	Are you afraid of dogs?
Hij is *vol van* energie.	He is full of energy.
Sanne is *weg van* Bruce Springsteen.	Sanne is crazy about Bruce Springsteen.
Ik ben erg *dankbaar voor* uw hulp.	I'm very thankful for your help.
U bent heel *geschikt voor* die baan.	You are well qualified for that job.
Hij is erg *vatbaar voor* griep.	He easily catches the flu.
Wie was hier *verantwoordelijk voor?*	Who was responsible for this?

Nouns with prepositions

This section gives sample sentences with fixed combinations of noun and preposition. There are numerous such combinations, but for brevity's sake we can only give a few examples.

Sanne heeft *een hekel aan* hamsters.	Sanne doesn't like hamsters.
Ik heb geen *belang bij* die aanbieding.	I'm not interested in that special offer.
Erik heeft geen *vertrouwen in* de politiek.	Erik doesn't trust politics.

Daar neem ik geen *genoegen mee.*	I'm not satisfied with that.
Dat is *in strijd met* de wet.	That's against the law.
Ik heb *medelijden met* die man.	I feel sorry for that man.
Jij houdt *met* niemand *rekening.*	You're not concerned about anyone.
Wat is het *antwoord op* die vraag?	What's the answer to that question?
Hij doet een *beroep op* zijn vader.	He asks his father for help.
De *strijd tegen* aids gaat door.	The fight against Aids goes on.
Hij was de *redding uit* mijn ellende.	He saved me from my misery.
Sanne heeft een *afkeer van* jenever.	Sanne strongly dislikes Dutch gin.
Heb jij *verstand van* computers?	Do you know anything about computers?
Peter heeft geen *aandacht voor* meisjes.	Peter doesn't pay attention to girls.
Hij heeft *begrip voor* mijn probleem.	He understands my problem.
Ik heb grote *bewondering voor* hem.	I admire him greatly.

This is just a brief overview of possible combinations of verbs, adjectives/ adverbs, and nouns with prepositions. Strictly speaking, they belong more in the category of vocabulary than of grammar, and the best way to learn them is by repetition and memorization. It is a good idea to keep your own list of such combinations, and organize them in the way that works best for your own learning strategies. For that purpose, below are exercises that include combinations not listed in this unit. A good dictionary will help you find the correct preposition.

Exercise 23.1

Enter the correct prepositions.

Situation: School and future plans.

1 Mijn broertje zit _____ Alkmaar _____ de middelbare school, hij doet het VWO.
2 _____ een jaar gaat hij _____ de universiteit.
3 Maar dan moet hij natuurlijk wel eerst _____ zijn examen slagen.
4 Hij moet _____ 7 vakken examen doen en _____ goede cijfers slagen.
5 Het VWO-diploma geeft toegang _____ de universiteit.
6 Mijn broer heeft belangstelling _____ verschillende studies.
7 Hij moet kiezen _____ psychologie, sociologie en rechten.
8 Hij wil in ieder geval een beroep kiezen waarin hij _____ mensen moet omgaan.

9 Waarschijnlijk gaat hij zich inschrijven _____ psychologie.
10 Maar als hij die studie te moeilijk vindt, kan hij natuurlijk _____ een jaar altijd nog overstappen _____ een andere studie.

Exercise 23.2

Enter the correct prepositions.

Situation: An interview with Brad Pitt.

1 Tom stelt tien vragen _____ Brad Pitt.
2 Hij is een grote fan _____ Brad.
3 Hij heeft _____ al Brads films gekeken.
4 Tom begint _____ een makkelijke vraag.
5 Hij wil weten of Brad _____ een grote familie komt.
6 Hij vraagt ook of Brad zich _____ astrologie interesseert.
7 Brad zegt dat hij een hekel heeft _____ astrologie.
8 Tom vraagt of Brad spijt heeft _____ zijn huwelijk met J.A.
9 Brad wil geen antwoord geven _____ die vraag.
10 Tom bedankt Brad hartelijk _____ het interview.

Exercise 23.3

Enter the correct prepositions.

Situation: Moral values in the Netherlands.

1 Hoe staat het _____ de moraal in Nederland?
2 Volgens veel mensen is er weinig hoop _____ een verbetering van de normen en waarden.
3 Deze mensen klagen vooral _____ het gedrag van jongeren.
4 De kerk heeft niet veel invloed meer _____ jonge mensen.
5 Ouders voelen zich minder verantwoordelijk _____ hun kinderen.
6 Jongeren hebben steeds minder respect _____ ouderen.
7 Professor A maakt zich zorgen _____ de toenemende agressie.
8 Mevrouw B vindt dat mensen geen oog hebben _____ milieuproblemen.
9 Meneer X vindt dat mensen zich moeten verzetten _____ het toe-nemende egoïsme.
10 Mevrouw Y vindt dat mensen meer rekening moeten houden _____ ouderen en gehandicapten.

UNIT TWENTY-FOUR
Word order

Introduction

In Unit 23 in *Basic Dutch*, we discussed basic word order and sentence structure in coordinated and subordinated sentences. Throughout other chapters in this book, on negation, separable verbs, passive structures, the conditional, and so on, word order has been at the center of attention. This unit provides a summary of the most important aspects of word order and sentence structure. First, a review of the basics.

Coordinated and subordinated sentences

In a coordinated or main sentence, the verb always takes the second position (example 1), unless the sentence is a 'yes–no' question or an order using the imperative. In those two cases, the verb takes the first position (examples 2, 3). In a subordinated sentence, the verb moves to the end (example 4). In the examples the verb is in italics.

1	**Peter *komt* naar het feest.**	Peter is coming to the party.
2	***Komt* Peter naar het feest?**	Is Peter coming to the party?
3	***Kom* ook naar het feest!**	Do come to the party, too!
4	**Peter zegt dat hij naar het feest *komt*.**	Peter says he is coming to the party.

Basic word order in main sentences

In a main sentence, the subject and verb take first and second place (example 1), unless there is *inversion of subject and verb* (example 2), and within the other elements of the sentence, the order is as follows: time, manner, place (example 3).

1 **Peter komt vanavond naar het feest.**
   Peter is coming to the party tonight.
2 **Vanavond *komt Peter* naar het feest.**
   Tonight, Peter is coming to the party.
3 **Peter komt vanavond** (*time*) **met de fiets** (*manner*) **naar het feest** (*place*)**.**
   Peter is coming to the party by bike tonight.

Basic word order in subordinated sentences

A subordinated sentence begins with the part that connects it to the main
or other subordinated sentence, for instance the subordinating conjunction, a question word for an indirect question, a relative pronoun. The
connector is followed by the subject, other sentence parts, and lastly
the conjugated verb. Within the other sentence parts, the order is the same
as in a main sentence: time, manner, place. Example:

Peter zegt   **dat-hij-vanavond-met de fiets-naar het feest-komt.**
main sentence   connector-subject-time-manner-place-verb

When the order of main sentence and subordinated sentence is reversed, the
main sentence must begin with the verb. The verbs of the two sentences
are then on each side of the comma. Example, with the verbs in italics:

Dat Peter vanavond naar het feest *komt*, *vind* ik hartstikke leuk.
I think it's great that Peter is coming to the party tonight.

Positions in a main sentence

Generally, a main sentence in Dutch can have six different positions. The
second position is almost always the verb (except in 'yes–no' questions or
command sentences); the first position is the subject or another sentence
element in which case the subject and the verb are inverted; the third position is the subject when it is not in first; the fourth position is the middle
part, which can hold elements such as time, place, objects, prepositional
phrases and others; the fifth position is the verb group as we discussed in
the previous section; the sixth position can hold a few elements such as
infinitive constructions with **om ... te** or prepositional phrases.

Subject	Verb	Subject	Middle	Verb group	Final
1 **Erik**	*gaat*		**morgen**	**voetballen.**	
2 **Sanne**	*had*		**dat boek**	**willen lezen.**	
3 **Wanneer**	*zal*	**de auto**		**gewassen worden?**	
4 **Wat**	*moeten*	**we**		**doen**	**voor morgen?**
5 **Morgen**	*gaat*	**Peter**	**naar het kanaal**		**om te vissen.**
6 *Kom*		**je**	**gezellig bij ons eten?**		
7 *Ga*			**je haar**	**laten knippen!**	

Translations: 1 Erik is going to play soccer tomorrow; 2 Sanne would have liked to read that book; 3 When will the car be washed?; 4 What do we have to do for tomorrow?; 5 Tomorrow, Peter is going to the canal to fish; 6 You want to have dinner with us?; 7 Go get a haircut!

Note: We have learned that past participles, infinitives with modal verbs, and other parts of the second verb group must always come at the end of the sentence. However, particularly in speech, prepositional phrases can follow the second verb group. Note the difference in the following sentences:

Ik heb gisteren de hele weg in de trein *met een man uit Maastricht* **zitten praten.**
Yesterday, the whole way in the train, I talked to a guy from Maastricht.
Alternative: **Ik heb gisteren de hele weg in de trein zitten praten** *met een man uit Maastricht.*

Ik heb dit boek vorig jaar *in een tweedehands boekwinkel* **gekocht.**
I bought this book last year in a used bookstore.
Alternative: **Ik heb dit boek vorig jaar gekocht** *in een tweedehands boekwinkel.*

Positions in a subordinated sentence

Other clause	Link	Subject	Middle	Verb group	Final
1 **Ik denk**	**dat**	**Sanne**	**vandaag**	**werkt.**	
2 **Peter studeert**	**omdat**	**hij**	**een test**	**moet doen**	**in Frans.**
3 **Sanne vraagt**	**of**	**Karin**	**vandaag**	**thuisblijft**	**om te eten.**
4 **Denk jij**	**dat**	**hij**	**die moord**	**gepleegd heeft?**	
5 **Weet jij**	**wat**	**er**	**vandaag**	**gedaan moet worden?**	
6 **Geloof jij**	**dat**	**dat**	**waar**	**is,**	**wat hij zei?**

Translations: 1 I think Sanne is working today; 2 Peter studies because he has to do a test in French; 3 Sanne asks whether Karin is staying home for dinner today; 4 Do you think he committed that murder?; 5 Do you know what has to be done today?; 6 Do you think what he said is true?

Generally, in a subordinated sentence, the first position is taken by the connector (link), usually a subordinating conjunction. Most of the time, the subject takes the second position. The third position is taken by those sentence elements that take the middle part in a main sentence: time, place, direct and indirect objects (including relative sentences with those objects), prepositional phrases, adverbs, and so on. The fourth position is taken by the conjugated verb and other parts of the verb group such as past participles and infinitives. In the fifth position, we might find a prepositional phrase, an infinitive construction with **om . . . te** or another clause.

Word order in the second verb group

Modal verbs such as **kunnen** and **moeten** take the second position in a main sentence (example 1), and in a subordinated sentence, they can be on either side of the main verb, although in speech we prefer to put the modal verb before the main verb (examples 2, 3).

1 **Peter *moet* dit weekend voor een test studeren.**
   Peter has to study for a test this weekend.
2 **Peter zegt dat hij dit weekend voor een test studeren *moet*.**
   Peter says that he has to study for a test this weekend.
3 **Peter zegt dat hij dit weekend voor een test *moet* studeren.**
   Peter says that he has to study for a test this weekend.

The auxiliary verbs for the present perfect, **hebben** and **zijn**, are placed in the second position in a main sentence (example 4), and in a subordinated sentence, they can be placed on either side of the past participle, although in speech we prefer to put them before the past participle (examples 5, 6). A *separable prefix* can be separated from the participle or not (example 7).

4 **Peter *heeft* z'n test goed gedaan.**
   Peter did well in his test.
5 **Peter zegt dat hij zijn test goed gedaan *heeft*.**
   Peter says he did well in his test.
6 **Peter zegt dat hij zijn test goed *heeft* gedaan.**
   Peter says he did well in his test.
7 **Sanne vraagt of oma Beumer op *heeft* gebeld/*heeft* opgebeld.**
   Sanne asks if grandmother Beumer called.

For more examples of word order with separable verbs, check the corresponding chapter in this book.

Auxiliary verbs with **te** + infinitive take the second position in a main sentence, while **te** and the infinitive are at the end (example 1). If the infinitive of the main verb is a separable verb, **te** must separate the prefix from the stem (example 2).

1 **Sanne *probeert* het reisburo *te* bellen.**
Sanne tries to call the travel agent.
2 **Peter *vergeet* zijn broodtrommel in *te* pakken.**
Peter forgets to pack his lunch box.

In subordinated sentences of this kind, the conjugated verb can be on either side of the direct object. See examples of each in example 3.

3 **Ik geloof dat Sanne het reisburo *probeert te* bellen.**
Alternative: **Ik geloof dat Sanne *probeert* het reisburo *te* bellen.**
I think Sanne is trying to call the travel agent.

The present perfect of an infinitive construction with **te** and a direct object offers a variety of possibilities in word order. The past participle of the auxiliary verb can be on either side of the object, in a main as well as a subordinated sentence (examples 4, 5).

4 **Sanne is *vergeten* het reisburo te bellen.**
Alternative: **Sanne is het reisburo *vergeten* te bellen.**
Sanne has forgotten to call the travel agent.
5 **Ik geloof dat Sanne *vergeten* is het reisburo te bellen.**
Alternative: **Ik geloof dat Sanne het reisburo is *vergeten* te bellen.**
I believe Sanne forgot to call the travel agent.

Note: Even within the subordinated sentence **dat Sanne *vergeten* is** one has another alternative: **dat Sanne *is vergeten***. This is in line with the rule we mentioned before, namely that in a subordinated sentence, the auxiliary verb can be on either side of the infinitive or past participle.

Word order in large verb groups

Complicated forms of the passive or the conditional, for example, can have a verb group of three or more components at the end of the sentence. We have seen this in the corresponding units, and also in the unit on infinitive constructions. However, the order of those individual components is not arbitrary. Examples:

Erik zegt tegen Sanne dat de kapotte mixer niet meer *gerepareerd kan worden.*
Erik tells Sanne that the broken mixer cannot be fixed anymore.

This verb group consists of three verbs: the modal verb **kunnen**, the passive auxiliary verb **worden** and the main verb **repareren**. In this verb group, the past participle of the main verb can be either at the beginning or the end:

Erik zegt tegen Sanne dat de kapotte mixer niet meer *kan worden gerepareerd.*
Erik tells Sanne that the broken mixer cannot be fixed anymore.

The word order in a larger verb group in the conditional is the same as above. The past participle of the main verb can be at the beginning or at the end.

Erik zegt tegen Sanne dat hij de mixer graag zelf *gerepareerd zou hebben.*
Erik tells Sanne that he would have liked to fix the mixer himself.
Alternative: **Erik zegt tegen Sanne dat hij de mixer graag zelf** *zou hebben gerepareerd.*

When a fourth verb is added to the group, such as in the sentences below which are passive constructions in the past perfect, the word order remains consistent. The past participle is at the beginning or at the end. Examples:

Sanne gelooft dat de mixer nog best *gerepareerd had kunnen worden.*
Sanne believes the mixer could very well have been fixed.
Alternative: **Sanne gelooft dat de mixer nog best** *had kunnen worden gerepareerd.*

Summary: The past participle of the main verb is at the beginning or the end of the verb group, and within the other verbs, the conjugated verb comes first, followed by the infinitives of the other verbs. Among those, modal verb infinitives always come first.

Exercise 24.1

Reverse the order of the two sentences, and begin with the subordinated sentence.

1 Erik neemt de trein naar Amsterdam, omdat hij niet in het spitsuur wil komen.

2 Hij komt op tijd op z'n werk, hoewel de trein vertraging had.
3 Hij praat met een collega, terwijl hij in de lift naar de kantine staat.
4 De secretaresse belt zodra hij aan zijn buro zit.
5 Er is voor hem gebeld toen hij koffie haalde.

Exercise 24.2

Which one of the two sentences is correct?

1a Erik vraagt of er zit suiker in de koffie.
1b Erik vraagt of er suiker in de koffie zit.
2a Sanne zegt dat zij heeft nog geen suiker in de koffie gedaan.
2b Sanne zegt dat zij nog geen suiker in de koffie heeft gedaan.
3a Peter zegt dat hij zijn koffie niet beneden drinkt maar op z'n kamer.
3b Peter zegt dat hij beneden zijn koffie niet drinkt maar op z'n kamer.
4a Karin vertelt dat ze op een test zich voorbereiden moet.
4b Karin vertelt dat ze zich op een test voorbereiden moet.
5a Erik vraagt of er nog meer koffie gezet moet worden.
5b Erik vraagt of er nog meer koffie moet gezet worden.

Exercise 24.3

Each sentence has one or more errors in word order. Correct the errors.

1 Sanne heeft geen zin om vandaag een rok en een bloes te aantrekken.
2 In een spijkerbroek en een trui ze zit aan het ontbijt.
3 Erik vraagt of Sanne bij de bakker gisteren geweest is.
4 Ze zegt dat ze nog niet er geweest is.
5 Erik zegt dat dat is vervelend want er nu geen vers brood is.

Exercise 24.4

In each sentence, define coordinated clauses (CC) and subordinated clauses (SC).

1 Peter vertelt dat hij, toen hij vanmorgen in de bus stapte, zijn buskaart niet kon vinden.
2 Omdat de buschauffeur hem wel eens eerder had gezien, liet hij hem zonder kaart de bus in, maar dat was alleen voor deze ene keer.
3 Op school ontdekte Peter dat de kaart, die nog tot het eind van de maand geldig is, in zijn wiskundeboek zat.

171

4 Tijdens de wiskundeles zat Peter zich aldoor af te vragen, hoe die kaart in dat boek terechtgekomen was.
5 Maar wat hij gisteren na schooltijd met de kaart had gedaan, kon hij zich niet meer herinneren.

Exercise 24.5

Put the elements of the second sentence in the right order and conjugate the verb.

1 Als je in Nederland kampeert (nodig / goede kampeerspullen / je / hebben)
2 Neem warme kleren mee (zijn / best koud / omdat / kunnen / 's avonds / het)
3 Het regent vaak (om / verstandig / het / inpakken / dus / regenlaarzen / zijn / te)
4 Als je op zand kampeert (worden / de tent / vastzetten / met extra tenthaken / moeten)
5 Reserveer tijdig een plaats (het / want / altijd / erg / in de zomer / er / zijn / druk)
6 Als het mooi weer is (op een waddeneiland / een mooie vakantie / hebben / altijd / je)

Exercise 24.6

Put the sentence parts in the right order, beginning with the capitalized word. Make sure to put the sentences in the correct tense.

Situation: Spring cleaning in Erik and Sanne's house.

1 de gordijnen / Op zaterdag / brengen / moeten / worden / naar de stomerij
2 laten / op woensdag / willen / de vloerbedekking in de kamer / Sanne / reinigen
3 de glazenwasser / of / komen / Erik / moeten / vragen
4 alle ramen / Vorig jaar / wassen / de glazenwasser / hebben
5 proberen / de ramen / Sanne / wassen / zelf / zeggen / ze / willen / te / dat

APPENDIX
Strong and irregular verbs

Introduction

The following is a list of commonly used strong and irregular verbs. The strong verbs are organized according to the way they change their stem vowel in the simple past and the present perfect tense. This is an easier way for students to recognize and memorize patterns than if they were listed in alphabetical order.

a – oe – a

dragen	**droeg**	**gedragen**	carry, wear
ervaren	**ervoer**	**ervaren**	experience
graven	**groef**	**gegraven**	dig
slaan	**sloeg**	**geslagen**	hit, strike
varen	**voer**	**gevaren**	float, sail

a – ie/i – a

bevallen	**beviel**	**bevallen**	please, give birth
blazen	**blies**	**geblazen**	blow
laten	**liet**	**gelaten**	let
slapen	**sliep**	**geslapen**	sleep
vallen	**viel**	**gevallen**	fall
hangen	**hing**	**gehangen**	hang
vangen	**ving**	**gevangen**	catch

e – a – e

eten	**at**	**gegeten**	eat
genezen	**genas**	**genezen**	heal
geven	**gaf**	**gegeven**	give
lezen	**las**	**gelezen**	read
meten	**mat**	**gemeten**	measure

treden	**trad**	**getreden**	step, move
vergeten	**vergat**	**vergeten**	forget
vreten	**vrat**	**gevreten**	devour, gobble

e – a – o

bevelen	**beval**	**bevolen**	order, command
breken	**brak**	**gebroken**	break
nemen	**nam**	**genomen**	take
spreken	**sprak**	**gesproken**	speak
steken	**stak**	**gestoken**	stick, sting, prick
stelen	**stal**	**gestolen**	steal

e – ie – a

scheppen	**schiep**	**geschapen**	create

e – ie – e

heffen	**hief**	**geheven**	lift, heave

e – ie – o

bederven	**bedierf**	**bedorven**	spoil, rot
helpen	**hielp**	**geholpen**	help
ontwerpen	**ontwierp**	**ontworpen**	design
sterven	**stierf**	**gestorven**	die
werpen	**wierp**	**geworpen**	throw
werven	**wierf**	**geworven**	recruit
zwerven	**zwierf**	**gezworven**	wander, roam

e – o – o

bedelven	**bedolf**	**bedolven**	overwhelm, bury
bergen	**borg**	**geborgen**	store, save
bewegen	**bewoog**	**bewogen**	move
delven	**dolf**	**gedolven**	dig, unearth
gelden	**gold**	**gegolden**	apply, count
melken	**molk**	**gemolken**	milk
schelden	**schold**	**gescholden**	scoff, scold
schenden	**schond**	**geschonden**	violate
schenken	**schonk**	**geschonken**	give, donate
scheren	**schoor**	**geschoren**	shave

smelten	smolt	gesmolten	melt
treffen	trof	getroffen	meet, strike
trekken	trok	getrokken	pull
vechten	vocht	gevochten	fight
vertrekken	vertrok	vertrokken	depart
vlechten	vlocht	gevlochten	braid, twine
wegen	woog	gewogen	weigh
zenden	zond	gezonden	send
zwellen	zwol	gezwollen	swell
zwemmen	zwom	gezwommen	swim

e – oe – o

| zweren | zwoer | gezworen | swear |

i – a – e

bidden	bad	gebeden	pray
liggen	lag	gelegen	lie (down)
zitten	zat	gezeten	sit

i – o – o

beginnen	begon	begonnen	begin
bezinnen (zich)	bezon	bezonnen	ponder
binden	bond	gebonden	bind
blinken	blonk	geblonken	gleam, glitter
dingen	dong	gedongen	haggle, bargain
dringen	drong	gedrongen	push forward
drinken	dronk	gedronken	drink
dwingen	dwong	gedwongen	force
glimmen	glom	geglommen	shine, gleam
klimmen	klom	geklommen	climb
klinken	klonk	geklonken	sound, hammer
krimpen	kromp	gekrompen	shrink
opwinden	wond op	opgewonden	wind up, excite
schrikken	schrok	geschrokken	be scared, startled
slinken	slonk	geslonken	decrease
spinnen	spon	gesponnen	spin, purr
springen	sprong	gesprongen	jump, spring
stinken	stonk	gestonken	stink
verzinnen	verzon	verzonnen	contrive, make up

vinden	vond	gevonden	find
winden	wond	gewonden	wind
winnen	won	gewonnen	win
wringen	wrong	gewrongen	wrench, wring out
zingen	zong	gezongen	sing
zinken	zonk	gezonken	sink

ie – oo – o

bedriegen	bedroog	bedrogen	cheat
bieden	bood	geboden	offer
gieten	goot	gegoten	pour
kiezen	koos	gekozen	choose
liegen	loog	gelogen	lie
opschieten	schoot op	opgeschoten	hurry up
schieten	schoot	geschoten	shoot
verbieden	verbood	verboden	forbid
verliezen	verloor	verloren	lose
vliegen	vloog	gevlogen	fly
vriezen	vroor	gevroren	freeze

ij – ee – e

begrijpen	begreep	begrepen	understand
bijten	beet	gebeten	bite
blijken	bleek	gebleken	appear
blijven	bleef	gebleven	stay
drijven	dreef	gedreven	float, drive (push)
glijden	gleed	gegleden	slide, glide
grijpen	greep	gegrepen	seize, grab
hijsen	hees	gehesen	raise, hoist
kijken	keek	gekeken	look
knijpen	kneep	geknepen	pinch
krijgen	kreeg	gekregen	get, receive
lijden	leed	geleden	suffer
lijken	leek	geleken	appear
mijden	meed	gemeden	avoid, shun
overlijden	overleed	overleden	pass away
prijzen	prees	geprezen	praise, price
rijden	reed	gereden	drive
rijgen	reeg	geregen	tie, string
rijzen	rees	gerezen	rise

schijnen	scheen	geschenen	shine, appear
schrijven	schreef	geschreven	write
slijpen	sleep	geslepen	sharpen
slijten	sleet	gesleten	wear out, spend, sell
smijten	smeet	gesmeten	throw, toss
snijden	sneed	gesneden	cut
spijten	speet	gespeten	regret, be sorry
splijten	spleet	gespleten	split, crack
stijgen	steeg	gestegen	rise, increase
strijden	streed	gestreden	fight, struggle
strijken	streek	gestreken	iron, brush
verdwijnen	verdween	verdwenen	disappear
vergelijken	vergeleek	vergeleken	compare
verwijten	verweet	verweten	blame
wijken	week	geweken	make way for
wijzen	wees	gewezen	point
wrijven	wreef	gewreven	rub, buff
zwijgen	zweeg	gezwegen	be silent

ui – oo – o

buigen	boog	gebogen	bend, bow
druipen	droop	gedropen	drip
duiken	dook	gedoken	dive
fluiten	floot	gefloten	whistle
kluiven	kloof	gekloven	nibble, gnaw
kruipen	kroop	gekropen	crawl
ruiken	rook	geroken	smell
schuiven	schoof	geschoven	push, shove
sluipen	sloop	geslopen	sneak, creep
sluiten	sloot	gesloten	close, lock
snuiten	snoot	gesnoten	blow nose, snuff
snuiven	snoof	gesnoven	sniff, snort
spuiten	spoot	gespoten	spout, gush, inject
stuiven	stoof	gestoven	blow, dust
verschuilen	verschool	verscholen	hide
zuigen	zoog	gezogen	suck
zuipen	zoop	gezopen	drink, booze

The following is a list of strong verbs that don't seem to follow a clear pattern such as the ones above or are alone in their pattern. They are organized here in alphabetical order.

doen	deed	gedaan	do
gaan	ging	gegaan	go
houden	hield	gehouden	hold
komen	kwam	gekomen	come
lopen	liep	gelopen	walk
roepen	riep	geroepen	call
staan	stond	gestaan	stand
weten	wist	geweten	know
worden	werd	geworden	become
zien	zag	gezien	see

The following is a list of irregular verbs. They are irregular because one of their past tense forms is strong, and one is regular, or their past tense forms seem to follow the rules for regular verbs. They are organized in alphabetical order.

bakken	bakte	gebakken	bake
barsten	barstte	gebarsten	burst
bezoeken	bezocht	bezocht	visit
braden	braadde	gebraden	fry, sauté
brengen	bracht	gebracht	bring
denken	dacht	gedacht	think
hebben	had	gehad	have
heten	heette	geheten	be called
jagen	joeg	gejaagd	hunt
kopen	kocht	gekocht	buy
lachen	lachte	gelachen	laugh
laden	laadde	geladen	load
malen	maalde	gemalen	grind, ground
raden	raadde	geraden	guess
scheiden	scheidde	gescheiden	separate
spannen	spande	gespannen	stretch, tighten
stoten	stootte	gestoten	bump, knock
verraden	verraadde	verraden	cheat, betray
vouwen	vouwde	gevouwen	fold
vragen	vroeg	gevraagd	ask
waaien	woei/waaide	gewaaid	blow
wassen	waste	gewassen	wash
weven	weefde	geweven	weave
zeggen	zei, zeiden	gezegd	say
zijn	was, waren	geweest	be
zoeken	zocht	gezocht	look for
zouten	zoutte	gezouten	salt, pickle

Note: This appendix also appears in *Basic Dutch*.

KEY TO EXERCISES

Unit 1

Exercise 1.1

1 Als het mooi weer is, gaan we fietsen. 2 Voordat we gaan fiesten, pompen we de banden op. 3 We fietsen totdat we bij een leuk café komen. 4 Nadat we koffie gedronken hebben, fietsen we terug. 5 Zolang het zomer is, fietsen we elk weekend.

Exercise 1.2

1 terwijl. 2 zodat. 3 maar. 4 en. 5 omdat. 6 zodra. 7 Als. 8 tenzij. 9 Sinds. 10 toen.

Exercise 1.3

1 Nadat je vier appels geschild hebt, snijd je ze in schijfjes. 2 Nadat je de appels in een schaal gedaan hebt, bestrooi je ze met kaneel. 3 Nadat je het deeg gemaakt hebt, bekleed je er de bakvorm mee. 4 Nadat je de appelschijfjes in de bakvorm gelegd hebt, bedek je ze met de rest van het deeg. 5 Nadat je de bakvorm in de oven gezet hebt, bak je de taart een uur.

Exercise 1.4

1 Sinds. 2 Voordat. 3 omdat. 4 Nadat. 5 maar. 6 zodat. 7 Als. 8 Toen. 9 Zodra. 10 hoewel.

Exercise 1.5

1 B. 2 A. 3 B. 4 A. 5 B.

Exercise 1.6

1 ... bespreekt de leraar het huiswerk. 2 ... schrijven de leerlingen een proefwerk. 3 ... stelt Peter een vraag. 4 ... kunnen de leerlingen met het proefwerk beginnen. 5 ... kan hij geen antwoorden bedenken.

Exercise 1.7

1 Hoe harder je studeert, des te beter worden je cijfers/je cijfers worden. 2 Je gaat deze week noch voetballen noch met je vrienden uit. 3 Je studeert zowel op zaterdag als op zondag een uur. 4 Hoe slechter je cijfers worden, des te minder vakantiegeld je krijgt/krijg je. 5 Je praat hetzij vandaag nog, hetzij morgen met de leraar.

Exercise 1.8

Speaking exercise. Check answers with instructor.

Unit 2

Exercise 2.1

1 Toen. 2 dan. 3 Dan. 4 dan. 5 toen. 6 Dan. 7 toen. 8 dan. 9 toen. 10 dan.

Exercise 2.2

1 Daardoor/Daarom. 2 want. 3 Daarom. 4 omdat. 5 Omdat/Doordat. 6 Daarom/Daardoor. 7 want. 8 omdat.

Exercise 2.3

1 Peter had het hoofdstuk goed geleerd. Hij had echter een onvoldoende voor de test. 2 Karin kan niet goed tennissen. Integendeel, ze slaat de ballen altijd in het net. 3 Peter heeft een wiskundeknobbel. Johan daarentegen heeft meer verstand van talen. 4 Sanne doet vier keer per week yoga. Toch heeft ze veel last van haar rug. 5 Het regende op Sylvia's bruiloft. Niettemin was het een prachtige dag. 6 Erik vergat het zout in de pastasaus. Desondanks smaakte het eten prima.

Exercise 2.4

1 immers. 2 bovendien. 3 trouwens/overigens. 4 Althans/Tenminste. 5 Bovendien/Overigens.

Unit 3

Exercise 3.1

1 kinderschoenen. 2 bloemenvaas. 3 klerenkast. 4 bordenrek. 5 krantenmand.

Exercise 3.2

1 de leesbril. 2 het drinkglas. 3 het praatprogramma. 4 de schrijfoefening. 5 de eetgewoonte. 6 de dansles.

Exercise 3.3

1 Hou op met dat gepraat! 2 Hou op met dat gehuil! 3 Hou op met dat geklets! 4 Hou op met dat geleuter! 5 Hou op met dat gedoe!

Exercise 3.4

1 de bibliothecaresse. 2 de psychologe. 3 de agente. 4 de lerares. 5 de koningin. 6 de actrice. 7 de kapster. 8 de masseuse. 9 de advocate. 10 de schrijfster.

Exercise 3.5

werkweek, lunchafspraak, zakenvriend, samenwerkingsproject, bestuurs-vergadering, belastingformulieren, groepsgesprek, vakbondsleden, loonsverhogingen, telefoongesprek, werkbezoek, verjaardagsborrel, sneltrein.

Exercise 3.6

Speaking exercise. Check answers with instructor.

Unit 4

Exercise 4.1

1 groter, kleiner, grootste, kleinste. 2 meer, meeste. 3 minder, minste, beter, beste. 4 duurder, duurste. 5 grotere, groter, grootste.

Exercise 4.2

1 bruinachtige. 2 eindeloos. 3 sportief. 4 psychische. 5 werkzaam. 6 redelijke. 7 draagbare. 8 zomers. 9 theatraal. 10 waterige.

Exercise 4.3

1 net zo groot als. 2 de grootste. 3 de duurste. 4 even goed. 5 het laagst.
6 populairder. 7 het minst. 8 meer . . . dan. 9 net zo vaak . . . als. 10 minder (vaak) dan.

Exercise 4.4

1 iets duurs. 2 niets interessants. 3 veel liefs. 4 zoiets onaardigs. 5 weinig
goeds. 6 allerlei leuks. 7 Wat voor lekkers. 8 niets beters. 9 iets wits.
10 zoiets smerigs.

Exercise 4.5

Speaking exercise. Check answers with instructor.

Exercise 4.6

Speaking exercise. Check answers with instructor.

Unit 5

Exercise 5.1

1 die van Peter. 2 dat van mij. 3 die van u. 4 die van ons. 5 Die van hun.
6 dat van haar. 7 die van jullie. 8 die van Karin.

Exercise 5.2

1 Is deze koffie van jou?/Is dit jouw koffie? 2 Is dat Karins mobieltje?/Is
dat het mobieltje van Karin? 3 Wiens sokken zijn dit?/Van wie zijn deze
sokken? 4 Wiens tas is dit?/Van wie is deze tas? 5 Is die hond van u?/Is
dat uw hond?

Exercise 5.3

1 de onze. 2 De onze. 3 de mijne. 4 de hare. 5 de zijne, de jouwe. 6 de
mijne. 7 de uwe. 8 de hunne. 9 het jouwe. 10 Het mijne.

Unit 6

Exercise 6.1

1 yes. 2 yes. 3 no. 4 no. 5 yes.

Exercise 6.2

1 je, je. 2 Ze. 3 je, je. 4 Men/Je. 5 je.

Exercise 6.3

1a iets. 1b niets. 2a niemand. 2b iets. 3a iets. 3b niets. 4a niets. 4b iemand. 5a iets. 5b niets.

Exercise 6.4

1 allemaal. 2 iedereen. 3 allemaal. 4 alles. 5 iedereen.

Exercise 6.5

1a al. 1b allemaal. 2a allen. 2b alles. 3a allemaal. 3b alles. 4a al. 4b alle. 5a allemaal. 5b alle. 6a Al. 6b allemaal.

Exercise 6.6

1 elke/iedere. 2 elk. 3 elke/iedere. 4 ieder/elk. 5 elke/iedere.

Exercise 6.7

1 Ik maak me nergens zorgen over. 2 Hij weet overal antwoord op. 3 Denk je ergens aan? 4 Wij weten nergens van. 5 Ik heb overal een hekel aan.

Exercise 6.8

1 elk/ieder. 2 Elk/Ieder. 3 elk/ieder/allemaal. 4 alle. 5 niemand. 6 Alle. 7 alles. 8 al. 9 alle. 10 iedereen.

Unit 7

Exercise 7.1

1 zich ... zelf. 2 haarzelf. 3 onszelf. 4 ik ... zelf. 5 uzelf. 6 mezelf. 7 hemzelf. 8 je ... zelf. 9 onszelf. 10 jullie ... zelf.

Exercise 7.2

1 elkaar, zelf. 2 elkaars, zelf. 3 elkaars. 4 zelf, elkaar. 5 elkaar, elkaars.

Exercise 7.3

1 Nee, we verbouwen ons huis zelf. 2 Nee, ze verft het zelf. 3 Nee, hij haalt het zelf. 4 Nee, ze maakt zelf een nieuwe jurk. 5 Nee, ze maakt het zelf schoon.

Unit 8

Exercise 8.1

1a zulke. 1b zo'n. 2a zo'n. 2b zulke. 3a zulke. 3b zo'n. 4a zulke. 4b zo'n. 5a zulk. 5b zo'n.

Exercise 8.2

1 net zulke. 2 niet zo'n. 3 niet zulk. 4 net zo'n. 5 niet zulk.

Exercise 8.3

Speaking exercise. Check answers with instructor.

Unit 9

Exercise 9.1

1 Nee, dat zijn mijn sokken niet. 2 Nee, we gaan vanavond niet mee naar de film. 3 Nee, hij is om zes uur nog niet thuis. 4 Nee, ik heb morgen geen volleybalwedstrijd. 5 Nee, er is geen soep van gisteren meer over. 6 Nee, ik heb het nog niet gelezen.

Exercise 9.2

1 Nee, ik heb er niet naar gekeken. 2 Nee, ik denk er nooit aan. 3 Nee, ik heb er niets over gelezen. 4 Nee, ik heb nergens zin in. 5 Nee, ik houd er niet van.

Exercise 9.3

1 Ik geloof niet dat ze naar het feest komen. Ik geloof dat ze niet naar het feest komen. 2 Ik denk niet dat ze alleen op vakantie gaat. Ik denk dat ze niet alleen op vakantie gaat. 3 Ik vind niet dat Peter die nieuwe scooter kan kopen. Ik vind dat Peter die nieuwe scooter niet kan kopen. 4 Ik denk niet dat Erik en Sanne een groter huis gaan huren. Ik denk dat Erik en Sanne geen groter huis gaan huren. 5 Ik geloof niet dat Karin mij

met die wiskundeopgave kan helpen. Ik geloof dat Karin mij niet met die wiskundeopgave kan helpen.

Exercise 9.4

1 Nee, u hoeft uw formulier niet nu meteen in te vullen. 2 Nee, je hoeft geen paspoort bij je te hebben. 3 Nee, u hoeft uw schooldiploma's niet te laten zien. 4 Nee, je hoeft je hier niet/niet hier voor die cursus aan te melden. 5 Nee, u hoeft het cursusgeld niet nu meteen te betalen.

Exercise 9.5

1 Nee, ze zei dat ze er niet naar gaat kijken. 2 Nee, hij zei dat hij er niet goed mee kan werken. 3 Nee, hij zei dat hij zich er niet voor interesseert. 4 Nee, ze zei dat ze er geen zin in had. 5 Nee, hij zei dat hij er niet aan heeft meegedaan/Nee, hij zei dat hij er niet aan mee heeft gedaan.

Exercise 9.6

Speaking exercise. Check answers with instructor.

Unit 10

Exercise 10.1

1 P. 2 P. 3 N. 4 P. 5 N.

Exercise 10.2

1 We zijn er een week geweest. 2 We hebben er vier gezien. 3 De flat had er drie. 4 Ja, we zijn er twee keer geweest! 5 Ja, je kunt er heerlijk eten!

Exercise 10.3

1 Nee, ik denk er niet/nooit aan. 2 Nee, ik praat er niet/nooit over. 3 Nee, ik werk er niet/nooit mee. 4 Nee, ik droom er niet/nooit van. 5 Nee, ik reken er niet/nooit op.

Exercise 10.4

1 Er kunnen er vier in. b Ik geloof dat er vier in kunnen. 2 Er staan er vijfentwintig op. b Ik zie dat er vijfentwintig op staan. 3 Er zitten er nog drie in. b Ik denk dat er nog drie in zitten. 4 Er ligt er nog maar één! b Ik kan niet geloven dat er nog maar één ligt.

Exercise 10.5

1 Er wordt gedanst. 2 Er worden boeken geleend. 3 Er worden colleges gevolgd. 4 Er worden schilderijen bekeken. 5 Er wordt brood verkocht. 6 Er wordt vis gevangen. 7 Er worden oliebollen gegeten. 8 Er worden pakjes uitgepakt.

Exercise 10.6

1 Sorry dat er twee glazen gebroken werden. 2 Het spijt ons dat er te veel gedronken is. 3 We hebben niet gemerkt dat er in jullie slaapkamer gerookt werd. 4 We wilden niet dat er op de tafel gedanst werd. 5 We zijn blij dat er niets gestolen is.

Unit 11

Exercise 11.1

1 Waarover praten jullie? Waar praten jullie over? 2 Waaraan denk je? Waar denk je aan? 3 Waar ga je heen? Waar ga je naartoe? 4 Waar maak je het beslag voor die cake mee? Waarmee maak je het beslag voor die cake? 5 Waarvoor gebruik je papa's computer? Waar gebruik je papa's computer voor?

Exercise 11.2

1 Nee, ik praat er niet veel over. 2 Nee, ik maak me er geen zorgen over. 3 Nee, ik denk er niet veel aan. 4 Nee, ik houd er niet van. 5 Nee, ik heb er geen hekel aan.

Exercise 11.3

1 Jos zegt dat hij er niet veel over praat. 2 Patrick zegt dat hij zich er geen zorgen over maakt. 3 Tanja zegt dat ze er niet veel aan denkt. 4 Lucie zegt dat ze er niet van houdt. 5 Erik zegt dat hij er geen hekel aan heeft.

Exercise 11.4

1 Dat is iets waar ik niet veel over praat. Dat is iets waarover ik niet veel praat. 2 Dat is iets waarover ik me geen zorgen maak. Dat is iets waar ik me geen zorgen over maak. 3 Dat is iets waaraan ik niet veel denk. Dat is iets waar ik niet veel aan denk. 4 Dat is iets waar ik niet van houd. Dat is iets waarvan ik niet houd. 5 Dat is iets waaraan ik geen hekel heb. Dat is iets waar ik geen hekel aan heb.

Exercise 11.5

1 Nee, daar heb ik ook geen zin in. 2 Ja, daar denk ik ook veel aan.
3 Nee, daar praat ik ook niet graag over. 4 Ja, daar ben ik ook gek op.
5 Nee, daar ben ik het ook niet mee eens.

Exercise 11.6

1 Waarom maak je je er zorgen over? 2 Ach, waarom vertellen ze je er
nooit iets over? 3 Waarom heb je er zo'n hekel aan? 4 Hoe lang is hij er
al verslaafd aan? 5 Waarom heb je er geen zin in?

Unit 12

Exercise 12.1

1 staat. 2 zetten. 3 leggen. 4 zetten. 5 hangen. 6 hangt. 7 staat. 8 leg.
9 liggen. 10 zitten.

Exercise 12.2

1 zitten. 2 legt. 3 hangt. 4 legt. 5 zet. 6 staan. 7 zit. 8 stopt (steekt).

Exercise 12.3

1 stopt. 2 zet. 3 stopt. 4 zet. 5 legt. 6 hangt. 7 stopt. 8 zet. 9 stopt. 10 zet.

Exercise 12.4

1 liggen. 2 gestopt. 3 zitten. 4 Liggen. 5 neergelegd. 6 opgehangen. 7 zitten. 8 staat.

Exercises 12.5 and 12.6

Speaking exercises. Check answers with instructor.

Unit 13

Exercise 13.1

1 Hij ligt naar muziek te luisteren. 2 Hij zit televisie te kijken. 3 Ze staat
te koken. 4 Hij zit te eten.

Exercise 13.2

1 Erik zit op de bank een krant te lezen. 2 Peter en Leo staan op het schoolplein een sigaret te roken. 3 Karin ligt op haar bed in haar dagboek te
schrijven. 4 Sanne loopt op straat een brievenbus te zoeken. 5 De koekjes liggen op een schaal af te koelen.

Exercise 13.3

1 Meneer de Boer is z'n garage aan het opruimen. 2 Die mevrouw van
nummer 32 is haar ramen aan het lappen. 3 De overbuurman is de auto
aan het wassen. 4 De kinderen van hiernaast zijn in het park aan het
spelen. 5 Die dochter van Erikssen is aan het zonnebaden.

Exercise 13.4

1 Ik ben bezig een belastingformulier in te vullen. 2 Ik ben bezig mijn
huiswerk te maken. 3 Ik ben bezig m'n haar te wassen. 4 Ik ben bezig
de boodschappen op te ruimen. 5 Ik ben bezig een belangrijke email te
beantwoorden.

Unit 14

Exercise 14.1

1 spelende kinderen. 2 een bloeiende begonia. 3 zonnebadende toeristen.
4 vechtende katten. 5 een huilend meisje.

Exercise 14.2

1 rinkelende. 2 Zuchtend. 3 zingend. 4 kokend. 5 etende. 6 lezend. 7 dampende. 8 Stakende. 9 stinkende. 10 piepende.

Exercise 14.3

1 lopend. 2 daverend. 3 schreeuwende. 4 geurende. 5 knijpend. 6 rennende.
7 Lachend. 8 zeulend. 9 toeterende. 10 zwaaiend.

Exercise 14.4

Speaking exercise. Check answers with instructor.

Unit 15

Exercise 15.1

1 Woensdagavond heb ik koorrepetitie. 2 Zaterdagochtend kijk ik naar
een voetbalwedstrijd van Peter. 3 Volgende week maak ik een project voor
school af. 4 Op 6 maart ga ik met een paar collega's van werk eten. 5 Op
9 maart ben ik vrij.

Exercise 15.2

1 De kinderen zullen hun opleiding afgemaakt hebben. 2 De kinderen zullen
het huis uit gegaan zijn. 3 We zullen dit huis misschien verkocht hebben.
4 Dit dorp zal erg veranderd zijn. 5 Ik zal misschien met werken gestopt zijn.

Exercise 15.3

1 Ik ga een nieuwe hengel kopen. 2 Peter gaat voetballen. 3 Karin gaat
met vrienden winkelen. 4 Sanne gaat haar tulpenbollen in de grond
stoppen. 5 Wij gaan morgenavond in de stad eten.

Exercise 15.4

1 Het water zal hoger staan. 2 Er zullen meer immigranten wonen. 3 Het
verkeer zal drukker zijn. 4 De gemiddelde leeftijd zal stijgen. 5 De
economie zal sterker worden.

Exercise 15.5

1 Geloof jij dat de files langer zullen worden? 2 Geloof jij dat Prins Willem
Alexander koning zal zijn? 3 Geloof jij dat meer mensen zullen moeten
bezuinigen? 4 Geloof jij dat Nederland meer met Europa zal samenwerken?
5 Geloof jij dat het openbaar vervoer beter zal functioneren?

Unit 16

Exercise 16.1

1 ... dat hij de vuilnisbak buiten heeft gezet/heeft buitengezet/
buitengezet heeft. 2 ... dat hij z'n kamer op heeft geruimd/heeft
opgeruimd/opgeruimd heeft. 3 ... dat ze de glazen van gisteren af heeft
gewassen/heeft afgewassen/afgewassen heeft. 4 ... dat hij ook de hond uit
heeft gelaten/heeft uitgelaten/uitgelaten heeft. 5 ... dat hij de was op
heeft gehangen/heeft opgehangen/opgehangen heeft.

Exercise 16.2

1 . . . jij zei dat je de kattenbak uit zou mesten/zou uitmesten. 2 . . . jij zei dat je het eten voor zou bereiden/zou voorbereiden. 3 . . . jij zei dat je de wc schoon zou maken/zou schoonmaken. 4 . . . jij zei dat je de lege flessen naar de supermarkt terug zou brengen/zou terugbrengen. 5 . . . jij zei dat je je kamer op zou ruimen/zou opruimen.

Exercise 16.3

1 . . . om de kattenbak uit te mesten. 2 . . . het eten voor te bereiden. 3 . . . de wc schoon te maken. 4 . . . de lege flessen naar de supermarkt terug te brengen. 5 . . . haar kamer op te ruimen.

Exercise 16.4

1 Ik zou me voor een cursus pottenbakken kunnen inschrijven/in kunnen schrijven. 2 Ik zou elke dag heel laat willen opstaan/op willen staan. 3 Ik zou me in een huisje aan zee willen terugtrekken/terug willen trekken. 4 Ik zou de vakanties zonder de kinderen kunnen doorbrengen/door kunnen brengen. 5 Ik zou elk weekend lekker kunnen uitgaan/uit kunnen gaan.

Exercise 16.5

1 . . . dat ze zich voor een cursus pottenbakken in zou kunnen schrijven/zou kunnen inschrijven. 2 . . . dat ze elke dag heel laat zou willen opstaan/op zou willen staan. 3 . . . dat ze zich in een huisje aan zee terug zou willen trekken/zou willen terugtrekken. 4 . . . dat ze de vakanties zonder kinderen zou kunnen doorbrengen/door zou kunnen brengen. 5 . . . dat ze elk weekend lekker zou kunnen uitgaan/uit zou kunnen gaan.

Unit 17

Exercise 17.1

1 die. 2 wat. 3 wie. 4 dat. 5 waarop. 6 waarmee. 7 dat. 8 die.

Exercise 17.2

1 Dit is Arnout, met wie ik altijd voetbalplaatjes ruilde. 2 Dit is Annelies, met wie ik nog een tijdje verkering heb gehad/gehad heb. 3 Dit was Joost, die al in 1988 is overleden/overleden is. 4 Dit was de klassenleraar, van wie ik altijd strafwerk kreeg. 5 Dit is Marie, die we een keer toevallig in Parijs hebben ontmoet/ontmoet hebben.

Exercise 17.3

1 ... waarmee je kunt stofzuigen/waar je mee kunt stofzuigen/waar je stof mee kunt zuigen. 2 ... waarmee je kunt grasmaaien/waar je mee kunt grasmaaien/waar je gras mee kunt maaien. 3 ... waarmee je iemand kunt opbellen/waar je iemand mee kunt opbellen/waar je iemand mee op kunt bellen. 4 ... waarvan je de temperatuur kunt aflezen/waar je de temperatuur van kunt aflezen/waar je de temperatuur van af kunt lezen. 5 ... waartegenaan je zo hard mogelijk moet schoppen/waar je zo hard mogelijk tegenaan moet schoppen. 6 ... waarmee je notities kunt opschrijven/waar je notities mee kunt opschrijven/waar je notities mee op kunt schrijven.

Exercise 17.4

1 Wie. 2 wat. 3 wie. 4 Wat. 5 wat. 6 wat.

Exercise 17.5

1 Ik heb gisteren een soort vis gegeten waarvan ik nog nooit had gehoord/waar ik nog nooit van had gehoord. 2 Het is een witte vis die in de Atlantische Oceaan wordt gevangen/gevangen wordt. 3 De vis werd met een saus geserveerd waarin heel veel knoflook zat/waar heel veel knoflook in zat. 4 We bestelden een witte wijn die heel goed bij de vis smaakte. 5 Ik vroeg om het recept van de saus dat ik natuurlijk niet kreeg.

Unit 18

Exercise 18.1

1 Hij zei dat ze heerlijk weer hebben. 2 Hij zei dat hun hotel fantastisch is. 3 Hij zei dat ze hartstikke mooie dingen hebben gezien/gezien hebben. 4 Hij zei dat ze een grote zak croissants voor ons meebrengen. 5 Hij zei dat ze morgenavond rond tien uur thuiskomen. 6 Hij vroeg hoe het met ons gaat. 7 Hij wou weten of we veel televisie kijken. 8 Hij vroeg ook of we wel elke dag met de hond gaan lopen.

Exercise 18.2

1 Hij vroeg of ik zijn leesbril ergens heb gezien. 2 Hij vraagt of hij je scooter even mag lenen. 3 Ze vraagt of we zin hebben in boerenkool/zin in boerenkool hebben. 4 Ze zegt dat ze onze bedden vandaag graag wil verschonen. 5 Ik zei dat ik m'n portemonnee vergeten heb.

Exercise 18.3

Speaking exercise. Check answers with instructor.

Unit 19

Exercise 19.1

1 We gaan op vakantie als Erik een vakantietoelage krijgt. 2 Als het weer mooi blijft, gaan we naar de kust. 3 We hebben een nieuwe tent nodig, tenzij de oude groot genoeg is. 4 Als Peter een vakantiebaantje vindt, gaat hij niet mee. 5 Karin wil wel mee, tenzij ze met haar vriendin naar Terschelling mag.

Exercise 19.2

1 . . . zou ik op reis gaan. 2 . . . zou ik elke dag sport doen. 3 . . . zou ik meer geld verdienen. 4 . . . zou ik de keuken renoveren. 5 . . . zou ik dit huis verkopen.

Exercise 19.3

1 Als het niet regende, konden we gaan fietsen/Als het niet zou regenen, zouden we kunnen gaan fietsen. 2 Als de winkels open waren, konden we winkelen/Als de winkels open zouden zijn, zouden we kunnen winkelen. 3 Als we appels in huis hadden, konden we appeltaart maken/Als we appels in huis zouden hebben, zouden we appeltaart kunnen maken. 4 Als de dvd-speler niet kapot was, konden we naar een film kijken/Als de dvd-speler niet kapot zou zijn, zouden we naar een film kunnen kijken. 5 Als Peter de computer niet gebruikte, konden we op het internet/Als Peter de computer niet zou gebruiken, zouden we op het internet kunnen.

Exercise 19.4

1 Ik had met Rembrandt kunnen praten/Ik zou met Rembrandt hebben kunnen praten. 2 Ik had voor de VOC willen werken/Ik zou voor de VOC hebben willen werken. 3 Ik was bang geweest voor de pest/Ik zou bang zijn geweest voor de pest. 4 Ik had het stadhuis zien branden/Ik zou het stadhuis hebben zien branden. 5 Ik had bij kaarslicht gelezen/Ik zou bij kaarslicht hebben gelezen.

Exercise 19.5

1 Zou je mijn planten water willen/kunnen geven? 2 Zou je de hond uit willen/kunnen laten?/Zou je de hond kunnen/willen uitlaten? 3 Zou je de kattenbak schoon willen/kunnen maken?/Zou je de kattenbak willen/kunnen schoonmaken? 4 Zou je het gras willen/kunnen maaien? 5 Zou je de post op tafel willen/kunnen leggen?

Unit 20

Exercise 20.1

1 Er worden schoenen verkocht. 2 Er wordt onderzoek gedaan. 3 Er worden kranten gedrukt. 4 Er worden boeken geleend. 5 Er worden schilderijen bekeken.

Exercise 20.2

1 b. 2 a. 3 b. 4 a. 5 b.

Exercise 20.3

is . . . gebracht, was aangereden, werd . . . gedaan, vastgesteld werd, werd bevestigd, wordt . . . ingesteld.

Exercise 20.4

1 De nieuwe stadsbibliotheek wordt door Klaas Korteweg ontworpen. 2 Dit schilderij is door Rembrandt geschilderd. 3 Uw bestelling wordt door UPS bij u thuis bezorgd. 4 De Russische president werd op het vliegveld door de koningin begroet. 5 Het eerste doelpunt werd in de derde minuut door Ronald de Boer gescoord.

Exercise 20.5

1 Er moeten twee kratten bier gekocht worden. 2 Er mag binnen niet gerookt worden. 3 Er mag geen luide muziek gespeeld worden. 4 De kamer moet opgeruimd worden. 5 De glazen moeten afgewassen worden. 6 De meisjes moeten naar huis gebracht worden.

Exercise 20.6

1 De raamkozijnen zouden geverfd moeten worden. 2 De moestuin zou omgespit moeten worden. 3 De tent zou gerepareerd moeten worden.

4 De kelder zou schoongemaakt moeten worden. 5 De vakantiefoto's zouden ingeplakt moeten worden.

Exercise 20.7

1 De safe werd opengemaakt. 2 Er werd geen geld gestolen. 3 Alle juwelen werden meegenomen. 4 Er werd een open fles wijn leeggedronken. 5 Er werden geen vingerafdrukken gevonden.

Unit 21

Exercise 21.1

1 Erik heeft zijn haar lekker kort laten knippen. 2 Hij is met een vriend gaan zwemmen. 3 Ze zijn in de kantine van het zwembad een biertje blijven drinken. 4 Erik heeft de boodschappen moeten doen. 5 Erik heeft Peter brood voor het weekend laten halen.

Exercise 21.2

1 . . . dat ze de buurman kan horen snurken. 2 . . . dat hij naar deze film wil blijven kijken. 3 . . . of Aysha vanavond mag komen eten. 4 . . . dat hij de auto niet heeft kunnen laten repareren. 5 . . . dat ze Peter wel weer eens zou willen zien voetballen.

Exercise 21.3

1 Je zou niet altijd zo lang beneden televisie moeten blijven kijken. 2 Je zou eens wat vaker met Aysha kunnen gaan sporten. 3 Je zou al die chips en zoutjes nu eens een keer moeten laten staan. 4 Je zou eens wat vaker gezellig met me in de tuin kunnen komen werken. 5 Je zou je haar weer eens lekker kort kunnen laten knippen.

Exercise 21.4

Sanne zegt 1 dat Karin niet altijd zo lang beneden televisie zou moeten blijven kijken. 2 dat ze eens wat vaker met Aysha zou kunnen gaan sporten. 3 dat ze al die chips en zoutjes nu eens een keer zou moeten laten staan. 4 dat ze eens wat vaker gezellig met haar in de tuin zou kunnen komen werken. 5 dat ze haar haar weer eens lekker kort zou kunnen laten knippen.

Unit 22

Exercise 22.1

1 b. 2 b. 3 a. 4 b. 5 b. 6 a. 7 b. 8 a. 9 a. 10 b.

Exercise 22.2

1 heeft, was. 2 had, is. 3 waren, hadden. 4 waren, hebben. 5 heb, ben. 6 hadden, is, waren. 7 is, was. 8 hebben, waren. 9 had. 10 heeft, is.

Exercise 22.3

1 Nadat ik m'n email gelezen had, ging ik aan het werk. 2 Nadat je je tent opgezet hebt, leg je de luchtbedden erin. 3 Nadat Erik Sanne opgehaald had, gingen ze naar het restaurant. 4 Nadat we jouw lekke band gerepareerd hebben, kunnen we naar school fietsen. 5 Nadat de storm was gaan liggen, konden we de schade beoordelen.

Unit 23

Exercise 23.1

1 in, op. 2 Over, naar. 3 voor. 4 in, met. 5 tot. 6 voor. 7 tussen. 8 met. 9 voor. 10 over, naar/op.

Exercise 23.2

1 aan. 2 van. 3 naar. 4 met. 5 uit. 6 voor. 7 aan. 8 van. 9 op. 10 voor.

Exercise 23.3

1 met. 2 op. 3 over. 4 op. 5 voor. 6 voor. 7 over. 8 voor. 9 tegen. 10 met.

Unit 24

Exercise 24.1

1 Omdat hij niet in het spitsuur wil komen, neemt Erik de trein naar Amsterdam. 2 Hoewel de trein vertraging had, komt hij op tijd op z'n werk. 3 Terwijl hij in de lift naar de kantine staat, praat hij met een collega. 4 Zodra hij aan zijn buro zit, belt de secretaresse. 5 Toen hij koffie haalde, is er voor hem gebeld.

Exercise 24.2

1b. 2b. 3a. 4b. 5a.

Exercise 24.3

1 Sanne heeft geen zin om vandaag een rok en een bloes aan te trekken.
2 In een spijkerbroek en een trui zit ze aan het ontbijt. 3 Erik vraagt of
Sanne gisteren bij de bakker is geweest/geweest is. 4 Ze zegt dat ze er nog
niet is geweest/geweest is. 5 Erik zegt dat dat vervelend is, want er is nu
geen vers brood.

Exercise 24.4

1 Peter vertelt = CC, dat hij zijn buskaart niet kon vinden = SC, toen hij
vanmorgen in de bus stapte = SC. 2 Omdat de buschauffeur hem wel eens
eerder had gezien = SC, liet hij hem zonder kaart de bus in = CC, maar
dat was alleen voor deze ene keer = CC. 3 Op school ontdekte Peter =
CC, dat de kaart in zijn wiskundeboek zat = SC, die nog tot het eind van
de maand geldig is = SC. 4 Tijdens de wiskundeles zat Peter zich aldoor
af te vragen = CC, hoe die kaart in dat boek terechtgekomen was = SC.
5 Maar hij kon zich niet meer herinneren = CC, wat hij gisteren na
schooltijd met de kaart had gedaan = SC.

Exercise 24.5

1 ... heb je goede kampeerspullen nodig. 2 ... omdat het 's avonds best
koud kan zijn. 3 ... dus is het/het is verstandig om regenlaarzen in te pakken.
4 ... moet de tent met extra tenthaken worden vastgezet/vastgezet
worden. 5 ... want het is er in de zomer altijd erg druk. 6 ... heb je op
een waddeneiland altijd een mooie vakantie.

Exercise 24.6

1 Op zaterdag moeten de gordijnen naar de stomerij gebracht worden.
2 Sanne wil op woensdag de vloerbedekking in de kamer laten reinigen/
Sanne wil de vloerbedekking in de kamer op woensdag laten reinigen.
3 Erik vraagt of de glazenwasser moet komen. 4 Vorig jaar heeft de glazenwasser alle ramen gewassen. 5 Sanne zegt dat ze wil proberen de ramen
zelf te wassen/Sanne zegt dat ze zelf wil proberen de ramen te wassen.

INDEX

Page numbers in **bold** refer to detailed discussions

Related titles from Routledge

Dutch: An Essential Grammar

William Z. Shetter and Esther Ham

Dutch: An Essential Grammar is a reference guide to the most important aspects of modern Dutch as it is used by native speakers.

This new edition of the book presents a fresh and accessible description of the Dutch language, supported throughout by diagrams, illustrations, and lively examples. In particular, a new chapter on prepositions has been introduced and an index for the entire grammar has been formed for easier access to the material. Also, for the first time, a companion website will be made available for the book, with regularly updated information on books and electronic media for further study and reference.

This well-established grammar is the standard reference source for all learners and users from beginner to intermediate level. It is ideal for independent study or for students in schools, colleges, universities, and adult classes.

Features include:

- Full use of examples given throughout illustrating modern usage
- "Let's try it" sections in each chapter containing sample exercises
- A companion website with updated information at www. routledge.com/textbooks/9780415423076
- A general Dutch–English vocabulary at the end of the book containing all Dutch words used throughout the text and an appendix listing irregular verbs in common use

William Z. Shetter is Professor Emeritus at Indiana University, USA. He has been an author for *Dutch: An Essential Grammar* since its first publication and is also author of *The Netherlands in Perspective: The Dutch Way of Organizing a Society and its Setting* (second edition 2002).

Esther Ham is a senior lecturer and director of the Dutch Program at Indiana University, USA. Her previous publications include the basic language method books, *Help: Kunt u mij even helpen?* (2001), books 1 and 2.

ISBN13: 978–0–415–42307–6 (pbk)
ISBN13: 978–0–203–93571–2 (ebk)

Available at all good bookshops
For ordering and further information please visit:
www.routledge.com